Eltje Böttcher

Lateinisch sprechen im Unterricht

Praktische Ansätze des »Latine Loqui«

Vandenhoeck & Ruprecht

Bibliografische Information der Deutschen Nationalbibliothek:
Die Deutsche Nationalbibliothek verzeichnet diese Publikation in der
Deutschen Nationalbibliografie; detaillierte bibliografische Daten sind
im Internet über http://dnb.de abrufbar.

© 2019, Vandenhoeck & Ruprecht GmbH & Co. KG, Theaterstraße 13, D-37073 Göttingen
Alle Rechte vorbehalten. Das Werk und seine Teile sind urheberrechtlich
geschützt. Jede Verwertung in anderen als den gesetzlich zugelassenen Fällen
bedarf der vorherigen schriftlichen Einwilligung des Verlages.

Umschlagabbildung: Shutterstock Nr. 104079698

Satz: SchwabScantechnik, Göttingen
Druck und Bindung: ⊕ Hubert & Co. BuchPartner, Göttingen
Printed in the EU

Vandenhoeck & Ruprecht Verlage | www.vandenhoeck-ruprecht-verlage.com

ISBN 978-3-525-70261-1

Inhalt

Einleitung 9

Ziele des Latine Loqui im Schulunterricht 13
Ziel 1 des Latine Loqui: Einsatz zur konkreten Spracharbeit 14
Ziel 2 des Latine Loqui: Latein als Kommunikationssprache 14
Latein als sinnvolles Verständigungsmittel 15
   Kommunikation in freien Dialogübungen 15
   Sinn und Unsinn der Grammatikübungen 17
Kulturspezifische Eigenarten von Sprache 18
Kompetenzen 21

Mögliche Lehrerrollen 24
Primus inter Pares 25
   Passende Übungen und Methoden 26
Tiro inter Tirones 26
   Passende Übungen und Methoden 27
Thesaurus 28
   Passende Übungen und Methoden 30
Die Vorleserin 30
   Passende Übungen und Methoden 31
Die Regisseurin 32
   Passende Übungen und Methoden 33
Die Rollenspielerin 33
   Passende Übungen und Methoden 34

Gelegenheiten zum Lateinsprechen im Unterricht 35
Einübung weniger unterrichtsbezogener Wendungen 35
   Hörverständnis 36
   Latinisierte Namen 37
   Aktiver Gebrauch 37
   Lernerfolge und Probleme 38
   Zum Ausprobieren: Vorschläge nützlicher Wendungen 39

Ritual: Freies Sprechen zu Stundenbeginn 41
   Schaffung von Gesprächsanlässen 42
   Beschreibungen von Bildern und Gegenständen 42
   Zum Ausprobieren: Charakterisierungsübung »Asterix contra Obeligem« 44
Einmaliges Event 45
   Zum Ausprobieren: Vorstellungsrunde + Spiel: »Quis sum?« 46
Wortschatzarbeit 49
   Zum Ausprobieren: Vorspielen neuer Vokabeln durch den Lehrer 51
   Zum Ausprobieren: Vokabelpantomime (auch: »Imperia!«) 52
   Zum Ausprobieren: Bausteingeschichten 53
Konjugationstraining 53
   Zum Ausprobieren: esse 54
   Zum Ausprobieren: Gemeinsamkeiten finden 55
Deklinationstraining 56
   Zum Ausprobieren: Kofferpacken 57
Spezielle lateinische Phänomene 58
   AcI 59
   Zum Ausprobieren: »verum an falsum?« 59
   Hic/iste/ille 61

Exkurs: Latine Loqui bei der Arbeit mit lese-rechtschreib-schwachen Schülerinnen und Schülern 63

Ohne Scheu losreden! 66
Latine Loqui ≠ Latine Scribere 67
Die Lernatmosphäre 69
Selbstwahrnehmung und Fremdwahrnehmung 70
Kommunikation – mehr als nur angewandte Grammatik 71
Tempo 73
Bezug zum Lehrbuch 74
Bewertungskriterien transparent machen 75

Weitere Methoden und Einzelübungen 76
Vorentlastung 77
   Nonsense-Dialoge (s. o.) 77
   Status-Spiel mit Spielkarten 79
Vokabelübungen 80
   Componere lignum (Präpositionen mit Akkusativ) 80

Hörverständnis	82
Textverständnis	84
Grammatikübungen	86
Präpositionen üben: Der Parcours	86
Planung eines Schulausflugs: Gerundium im Genitiv	88
Ablativübung: Womit schreibt Quintus?	89
Kommunikationsübungen	89
Bildbeschreibungen	89
Bildergeschichten	90
Übung zum Ausprobieren: Vater-und-Sohn-Geschichten	91
Wimmelbilder	93
Geschichtenerzählwürfel	94
Buchstabenwürfel	94
Personenraten/Prominentenraten/Quis sum?	95
Ich sehe was, was du nicht siehst	95
Versipellis	95
Tabu	96
Lateinische Texte vortragen	96
Catull	97
Cicero, Caesar & Co.	98
Phaedrus	98
Ovid, Vergil & Co.	100
Umgang mit Fehlern	101
Wie viel Korrektur ist nötig?	101
Fehlende Korrektur durch einen Muttersprachler	102
Korrektur versus Reparatur	103
Wie korrigieren?	106
Wiederholung des falschen Wortes	106
Korrektur bei falschen Kongruenzen	107
Korrektur bei Kasusfehlern	108
Korrektur bei Vokabelfehlern	109
Aussprachefehler	110
Grammatikalische Eigenarten nutzen	111
KNG in der a- und o-Deklination	111
Akkusative	112
a-Deklination: Nominativ und Abl. Singular klingen (fast) gleich	113

Tricks zur eigenen Vorbereitung 115
Lampenfieber 115
Vorbereitung auf einzelne Aufgaben 116
Einsprechen 117
Einlesen und Einhören 118

Tipps für die Materialsammlung 121
Wörterbücher 121
Wortlisten und Phraseologien 122
Vokabelbilder 123
Bildergeschichten, Wimmelbilder und Cartoons 124
Geschichtenwürfel 124
Bildkarten (z. B. Memoryspiele, Dixit, eigene laminierte Bildkarten) 124
Weitere Materialien 125

Fazit und Ausblick 126

Literaturverzeichnis 128

Einleitung

»Salvete, discipuli discipulaeque!«, schallt es tagtäglich durch Tausende deutscher Klassenräume. »Salve, magister/magistra!«, rufen die Lateinklassen zurück, rücken ihre Stühle zurecht, kramen in ihren Schulranzen und blättern quatschend ihre Bücher auf. Und dann beginnt der eigentliche Lateinunterricht: Man spricht deutsch, bestimmt lateinische Wortformen und übersetzt Kunst- oder Originaltexte ins Deutsche. Dabei lernt oder reflektiert man gemeinsam grammatische Phänomene, entdeckt Ähnlichkeiten oder Unterschiede zur eigenen Muttersprache und anderen lebenden Fremdsprachen. Man fragt Vokabeln ab, macht Übungen zur Textvorerschließung und spricht über die Textthemen und -inhalte; während der Übersetzung werden Beobachtungen zu sprachlichen Mitteln und Stilmitteln angestellt und man stellt Bezüge zur eigenen Lebenswirklichkeit her.

Die Begrüßung auf Latein ist in vielen Lerngruppen ein fest eingespieltes Ritual. Doch viele Lehrkräfte wünschen sich, das aktive Lateinsprechen auch im weiteren Stundenverlauf einzusetzen. Dieser Wunsch findet sich auch bei vielen Schülern, die bei ihren Mitschülern erleben, wie diese ihre Französisch- oder Spanischkenntnisse immer besser anwenden und einen sichtbaren praktischen Nutzen gewinnen, vor allem aber auch einfach Freude am Sprechen zeigen. Gerade jüngere Schüler fragen daher manchmal nach, ob man Latein nicht auch einmal sprechen könnte, nur zum Ausprobieren. Dass dieser Wunsch von Lehrerseite meist abgelehnt wird, hat vielfältige Gründe.

Keine Frage: Guter Lateinunterricht ist auch ohne Latine Loqui möglich. In diesem Buch soll niemand zum Lateinsprechen überredet werden, der bereits seinen Unterrichtsstil ganz ohne aktives Sprechen gefunden hat und der all seine Lernziele mit traditionellen oder eigenen deutschsprachigen Methoden erreicht und zurzeit auch keine neuen Experimente wagen möchte. Es werden im Rahmen dieses Buchs auch keine neuen Ziele für den Lateinunterricht vorgeschlagen oder die aktuell formulierten Lehrpläne oder Curricula infrage gestellt, die an der lateinischen Sprache in hohem Maße auch übergeordnete Kompetenzen vermitteln lassen möchten, statt sich ganz auf den Spracherwerb und die Lektüre zu konzentrieren.

Texte mithilfe von grammatikfokussierten Übersetzungsmethoden zu erfassen, soll in diesem Buch – anders als bei manchen Latine-Loqui-Verfechtern in gerade topischer Weise üblich – nicht generell als »trocken«, »demotivierend«, »langweilig« oder gar »naturwidrig« abgewertet werden: Ich weiß aus eigener Erfahrung von beiden Seiten des Pultes, dass dieser Zugang zur Lektüre nicht nur sehr erfolgreich sein kann, sondern durchaus schon in jungen Jahren viel Freude und Motivationspotential mit sich bringt. Ich möchte daher weder diese schönen Erfahrungen aus meiner eigenen Schulzeit noch den daraus selbst gewonnenen oder später anderen Schülerinnen und Schülern vermittelten Lernerfolg leugnen.

Das Latine Loqui soll außerdem an dieser Stelle nicht erneut gegen Kritiker verteidigt, die Sprechbarkeit der lateinischen Sprache abermals bewiesen[1] oder der Einsatz der »vox viva« im Schulunterricht lernpsychologisch, didaktisch oder historisch gerechtfertigt werden: Wen diese Themen interessieren, dem steht bereits eine große und stetig wachsende Auswahl an Literatur zur Verfügung.

Wer diese Zeilen liest, zeigt allerdings bereits sein Grundinteresse am Latine Loqui. Vielleicht hat der ein oder andere Leser dieses Büchleins bereits erste Versuche unternommen und sucht nun Anregungen, wie sich dieses Unterrichtselement weiter ausbauen lässt. Möglicherweise ist auch nicht alles so glatt verlaufen wie erhofft, vielleicht haben sich die Schülerinnen und Schüler überfordert gefühlt, so dass das Experiment nach ein oder zwei Stunden wieder abgebrochen wurde. Oder die Lehrkraft selbst musste doch stärker mit den Worten ringen als erwartet, so dass sie ihr Experiment vorerst nicht wiederholen wollte. In diesem Fall soll dieses Buch nun vielleicht die Frage klären, ob man dem Versuch eine zweite Chance geben möchte.

Dieses Büchlein richtet sich also explizit an diejenigen Fachkolleginnen und -kollegen, die bereits offen für die zurzeit noch ungewöhnliche bzw. noch ungewohnte Methode des Latine Loqui im Lateinunterricht sind und die sich vorstellen können, auch selbst aktivsprachliche Elemente in ihrem Unterricht praktisch einzusetzen.

Bevor es nun *medias in res* geht, soll an dieser Stelle zur besseren Einordnung der im Folgenden geschilderten Erfahrungen auch die Autorin selbst und ihr eigener Bezug zum Latine Loqui kurz vorgestellt werden. Latein habe ich, wie sicherlich die meisten von Ihnen, auf Gymnasiallehramt studiert. Seit meinem Ersten Staatsexamen unterrichte ich zumeist mit »traditionellen Methoden«,

---

1 Ein typischer Einwand ist etwa, dass die Wortstellung mit dem Prädikat am Satzende Beweis genug dafür sei, dass Latein im mündlichen Gespräch völlig unverständlich wäre; Latein sei niemals in dieser Form wirklich gesprochen worden, wie sie uns heute schriftlich überliefert vorliegt. Dass ebendies ja auch die Verbstellung in deutschen Nebensätzen ist und Kommunikation in deutscher Sprache durchaus gelingen kann, sollte Gegenbeweis genug sein.

aber auch mithilfe des Latine Loqui verschiedene Arten von Lateinkursen in der Erwachsenenbildung, der Schülernachhilfe und der Museumspädagogik, bin jedoch selbst keine Lateinlehrerin im aktiven Schuldienst.

Mit dem Sprechen der lebendigen lateinischen Sprache haben sich im universitären Kontext während meines Studiums die ersten Kontakte ergeben. Im Laufe der Jahre konnte ich das Sprechen bei vielen weiteren Gelegenheiten wie Stammtischen, inner- und außeruniversitären Colloquien und vor allem bei den jeweils achttägigen Freizeitfahrten des Vereins »Europäische Lateinwochen e. V.« weiter üben und die didaktischen Konzepte u. a. mit Nachhilfeschülern vertiefen. Seit etwa acht Jahren besuche ich regelmäßig Schulklassen für einzelne Latine-Loqui-Einheiten in ihrer schulischen Lernumgebung und leite Latine-Loqui-Workshops an anderen Lernorten, wozu u. a. das Museum August Kestner in Hannover gehört.

Bisher gab es leider noch keine Gelegenheit, einzelne Lerngruppen über einen längeren Zeitraum beim Latine Loqui zu beobachten oder den langfristigen Einfluss auf die Motivation und den Lernfortschritt zu beurteilen. So möchte sich dieses Büchlein keinesfalls anmaßen, zu dozieren, wie man gymnasialen Lateinunterricht allgemein besser machen kann. Auch möge mir der Leser verzeihen, wenn die ein oder andere schulspezifische Eigenart nicht genügend Berücksichtigung findet, für die das Auge erst im alltäglichen Lehrbetrieb geschult wird; diese Lücken habe ich versucht, durch Gespräche und Interviews mit Lateinlehrkräften zu schließen, die das Latine Loqui bereits in ihrem Unterricht eingesetzt haben. An dieser Stelle möchte ich allen Kolleginnen und Kollegen danken, deren Schilderungen, Hinweise, Ideen und auch wissenschaftlich-systematische Auswertungen ihrer eigenen Versuche in dieses Werk mit eingeflossen sind.[2]

Meine Arbeit erlaubt es mir allerdings gerade durch meine außerschulische Verortung, einzelne Unterrichtselemente an einer größeren Zahl von Lerngruppen zu testen und dabei Vergleiche durch alle Jahrgangsstufen, Lerngruppengrößen und Leistungsniveaus hindurch anzustellen. Im intensiven Einzelunterricht mit Nachhilfeschülern kann ich mich außerdem besonders gut in die jeweils spezifischen Denkprozesse und Lernprobleme einfühlen, da ich direktes Feedback aus Schülersicht erhalte, und konnte dabei mit dem Einsatz von Latine Loqui einige Lernziele erreichen.

---

2 Mein besonderer Dank gilt Thomas Gölzhäuser, Wolfram Bohmhammel, Luca Quaglierini, Uvius Fonticola, Gabriela Heimann, Anke Johnson, Maximilian Wallstein, Christian Kupfer, Marvin Harms, Thorsten Burkard, Ulf Jesper, Sahra Aewerdieck, Anja Eckstein, Julia Noetzel und natürlich vor allem Benjamin Möller. – In dankbarer Erinnerung möchte ich an dieser Stelle auch Kurt Hille nennen, der mir vor Jahren bei der Erstellung meiner ersten Materialien geholfen hat und dessen fröhliche Art mir bei allen weiteren Projekten als Inspiration diente.

Ich hoffe, dass meine Ideen und Beobachtungen dem Leser Anregungen bieten, die – kombiniert mit den eigenen Erfahrungen aus dem alltäglichen schulischen Lateinunterricht – dazu beitragen, Latine Loqui in der jeweils eigenen Handschrift und in der eigenen Lerngruppe im Unterricht einzusetzen.

Eltje Böttcher, im August 2018

Ziele des Latine Loqui im Schulunterricht

Latine Loqui soll es nun also sein. Doch wie, wann und wozu eigentlich genau? Möchten Sie das Lateinsprechen »nur mal ausprobieren«, weil Ihre Schüler darum gebeten haben? Denken Sie dabei an eine kleine Einheit als eine Art Lückenfüller in der letzten Stunde vor den Schulferien, um sich mit den Schülern besonders spielerisch mit der lateinischen Sprache zu beschäftigen? Können regelmäßige Sprechübungen zum Stundenbeginn als sogenannte »Energizer« vor dem eigentlichen Lateinunterricht fungieren, um die allgemeine Motivation und die Freude an der lateinischen Sprache zu wecken und auch im Verlauf schwierigerer Einheiten am Leben zu erhalten? Oder soll eine Latine-Loqui-Veranstaltung, ganz ohne unterrichtsbezogene Lernziele, als attraktives Konkurrenzevent zum Kochabend der Spanischkollegin dienen, ehe die Schülerinnen und Schüler die Fremdsprachenkurse fürs nächste Schuljahr wählen oder abwählen, um die Anmeldezahlen in die Höhe zu treiben?

Was sich hier etwas provokant liest, ist gar nicht bloß rhetorisch gemeint: Der schulische Lateinunterricht befindet sich zweifelsohne in einer Krise, deren Ursachen außerhalb des Unterrichts liegen, die hier nicht weiter erläutert werden müssen. Die Anmeldezahlen sinken und der Sinn unseres Unterrichtsfaches wird von vielen Seiten infrage gestellt. Latein muss ständig im beruflichen und auch im privaten Rahmen gegen kritische Stimmen verteidigt werden, was nicht nur kräftezehrend ist, sondern langfristig die Zukunft des gesamten Lateinunterrichts betrifft.

Als eine von vielen möglichen Lösungsstrategien, das weiß ich aufgrund verschiedener Anfragen zu diesem Thema, ziehen einige Lehrkräfte eine Beschäftigung mit dem Latine Loqui in Betracht. Manche möchten das arbeitsintensive Schulfach Latein dadurch, wenn auch nicht unbedingt weniger arbeitsintensiv, so doch lebendiger und attraktiver für die Schüler gestalten. Sie sehen im Latine Loqui den Vorteil, dass hiermit aktivierender, schülernäher und eigenständiger gelernt werden kann, wie es vermehrt von Eltern- und Lehrerseite gefordert wird und immer häufiger auch im allgemeinen Profil vieler Schulen festgelegt ist. Auch diese tendenziell eher außerunterrichtlichen Motive zum Einsatz von Latine Loqui im Unterricht wollen ernst genommen werden und sollen in diesem Buch zumindest teilweise Berücksichtigung finden.

Andere Lehrkräfte haben den Unterricht und die Lernziele selbst im Blick, wenn sie sich dem Latine Loqui zuwenden. Sie möchten vor allem die sprachdidaktischen Erkenntnisse und die Methoden der neuen Fremdsprachen auch im Lateinunterricht nutzen, da sie sich hierdurch bessere Lernerfolge versprechen. Sie wollen durch aktive Sprechübungen zusätzlich zum theoretisierenden Grammatikunterricht bestimmte Phänomene üben und verankern lassen und außerdem die lateinische Sprache allgemein von einer anderen Seite zeigen. Diese Zielsetzungen werden im Zentrum der folgenden Ausführungen stehen. Wie und in welchem Maße lässt sich das Lateinsprechen überhaupt sinnvoll in den alltäglichen Unterricht einbauen? Welche Funktion kann es beim Erreichen der Lernziele erfüllen?

Im Wesentlichen lassen sich zwei Ziele des Latine Loqui im Lateinunterricht unterscheiden, die auch im Unterricht der neuen Fremdsprachen bei jeder Kommunikationsübung klar unterschieden werden. Auf diese Unterscheidung werden wir im Laufe dieses Büchleins immer wieder zurückkommen.

Ziel 1 des Latine Loqui: Einsatz zur konkreten Spracharbeit

Einerseits können Sprechübungen der *konkreten Spracharbeit* dienen. Ist diese das erklärte Ziel, so sollten die Übungen tendenziell so konzipiert sein, dass sie sich auf wenige grammatikalische Phänomene beschränken. Dafür werden klare Satzstrukturen vorgegeben, die von den Schülern leicht wiederholt und kaum variiert werden. Raum für Kreativität und eigenes Ausdrucksvermögen bietet diese Arbeitsweise eher nicht, dafür lassen sich die Sätze leicht von Lehrerseite – und bei älteren Schülern, z. B. mithilfe von Tandemkarten, auch von den Mitschülern – überprüfen und korrigieren. Da die Grammatik im Fokus steht, ist die Toleranzgrenze für Fehler sehr gering und die Lehrkraft greift häufig korrigierend ein.

Ziel 2 des Latine Loqui: Latein als Kommunikationssprache

Ein anderes Lernziel, das eine grundlegend andere Herangehensweise erfordert, ist das allgemeine Üben und Anwenden von *Latein als Kommunikationssprache*. Dieses Ziel wird auch explizit in manchen Lehrplänen oder Curricula erwähnt. So findet sich beispielsweise im Kerncurriculum für das Land Niedersachsen die Formulierung, dass aktivsprachliches Latein in begrenztem Umfang im Unterricht mit Schülerinnen und Schülern eingesetzt werden kann, »um Latein als

Verständigungsmittel zu erfahren. Dabei wird ihnen bewusst, dass Latein Jahrhunderte lang Kommunikationssprache war«. Einige Seiten weiter heißt es: »Die Produktion kurzer lateinischer Wendungen und Sätze stillt das Bedürfnis besonders jüngerer Schülerinnen und Schüler, Latein auch zu sprechen.«[3] In manchen Bundesländern wie z. B. in Bayern findet sich in den Lehrplänen und Curricula keine explizite Empfehlung zum Einsatz von Latine Loqui. Hier liegt der Fokus mehr auf den Zielen der Textarbeit, den methodischen Kompetenzen inklusive dem Ziel, beim Übersetzen die vielfältigen Ausdrucksmittel der deutschen Zielsprache zu entdecken, sowie auf dem Vermitteln von Sachwissen im Bereich der antiken Kultur.

Latine Loqui darf im Schulunterricht natürlich niemals dem reinen Selbstzweck oder als Unterhaltungsmethode dienen. Doch indem die Schülerinnen und Schüler die Grundstrukturen einfacher lateinischer Sätze nicht nur nachvollziehen, sondern auch selbst nachahmen und die lateinische Sprache bis zur aktiven Beherrschung einüben, eignen sie sich einen Blick auf allgemeine Satzstrukturen an, der ihnen langfristig auch beim Verständnis schriftlich vorliegender Texte hilft. Daher wirkt sich der Einsatz von intuitiven Zugangsmethoden, ergänzend zu traditionellen kognitiven Methoden, meiner und anderer Erfahrung nach messbar positiv auf die Lektürefähigkeit aus.

Sofern aus dem Latine Loqui und dem freien Formulieren lateinischer Sätze also kein eigenes Lernziel mit einer allein darauf gerichteten Leistungsabfrage gemacht wird, darf es auch in Bundesländern, die es nicht explizit empfehlen, zur Unterstützung des Spracherwerbs eingesetzt werden. Freiere dialogische Übungen haben also auch ohne direkten Bezug zu speziellen Grammatikphänomenen einen rechtmäßigen Platz im Lateinunterricht und müssen nicht als bloße Lückenfüller auf die Stunde vor der Zeugnisvergabe verbannt werden.

Latein als sinnvolles Verständigungsmittel

Kommunikation in freien Dialogübungen

Bei aktivsprachlichen Übungen erfährt die Lerngruppe die jeweilige Sprache als ein Medium, in dem eine erfolgreiche beiderseitige Verständigung in unterschiedlichen Kontexten möglich ist. Im modernen Fremdsprachenunterricht liegt der Sinn dabei

---

3   Niedersächsisches Kultusministerium: Kerncurriculum für das Gymnasium. Schuljahrgänge 5–10, S. 11 und 21 (http://db2.nibis.de/1db/cuvo/datei/kc_gym_latein_08_nib2.pdf, letzter Zugriff am 18.09.2018). Der Zusatz »und unterstützt zugleich den Sprachlernprozess« wurde erst in der jüngsten Überarbeitung des Curriculums (aus mir unerfindlichen Gründen) entfernt.

klar auf der Hand: Hier werden in dialogischen Übungen oft verschiedene Situationen simuliert, in denen man sich im Ausland tatsächlich einmal wiederfinden kann und dabei in der Fremdsprache verständigen können muss. Von Anfang an üben die Schülerinnen und Schüler daher, sich einander vorzustellen, zu verabreden und über ihre Interessen zu sprechen, aber auch, nach einem unbekannten Weg zu fragen, sich bei einem Arztbesuch zu verständigen oder einkaufen zu gehen.

Nicht alle Eigenarten des modernen Fremdsprachenunterrichts lassen sich eins zu eins auf das Latine Loqui übertragen. Bei der Suche nach einem sinnvollen situativen Kontext speziell für ein lateinischsprachiges Gespräch wird dies besonders deutlich: Innerhalb der Lektionstexte in den Lehrwerken lassen sich zwar für die Figuren problemlos Szenen verfassen, in denen die Protagonisten (selbst allesamt echte muttersprachliche Römerinnen und Römer) sinnvoll agieren können. Doch anders als in den Lehrwerken neuer Fremdsprachen hat hier ein deutscher Austauschschüler keinen Platz im Geschehen. Schon in den lateinischen Texten zur passiven Lektüre fehlt eine solche Identifikationsfigur, die sich der neuen Kultur neugierig und fragend von außen nähert. Bisweilen erfüllen neu nach Rom verschleppte Sklaven oder Kinder vom Land diese Funktion, wenn sie staunend ihre neue Arbeitsstätte oder die noch unbekannte Stadt Rom kennenlernen. Von der lebensweltlich nahen Identifikationsfigur wie z. B. einer »Tanja from Hanover«, die sich während eines Schüleraustauschs nach Bristol einen Sportverein sucht, sich dort den Knöchel verstaucht oder mit dem Nachbarsjungen flirtet, ist eine verschüchterte »ancilla« aus Phrygien jedoch weit entfernt. Die Lektionstexte konzentrieren sich daher meist auf römische Schulkinder, denen die römische Kultur bereits vertraut genug ist, um auf dem Forum Romanum oder im Circus Maximus spannende Abenteuer zu erleben.

In einem aktivsprachlichen Dialog in einem historischen Setting müssen die Schüler also zwangsläufig selbst die fremdartige Rolle eines Originalrömers einnehmen. Dieses Einfinden in fremde Rollen in einem historischen Setting kann dabei eine ganz eigene Barriere darstellen, die man nicht unterschätzen sollte. Die heterogene Fähigkeit zur Einfindung in andere Rollen zeigt sich auch in anderen Fächern in multiperspektivischen Rollenspielen, wenn beispielsweise im Geschichts- oder Politikunterricht die Sichtweisen der verschiedenen mittelalterlichen Stände Adel, Klerus und Landbevölkerung nachvollzogen werden oder wenn unterschiedliche Positionen in politischen Diskussionen eingenommen werden sollen. Auch hier werden Kompetenzen abgefragt, die über bloßes sachliches Argumentieren hinausreichen und die nicht jedem Schüler gleich leichtfallen. Erfahrungsgemäß ist dies auch keine Frage des Alters, sondern betrifft die jeweilige Schülerpersönlichkeit und nicht zuletzt die Erfahrung in solchen Perspektivenwechseln.

Problematisch ist beim Latine Loqui also, dass die lateinischen Übungen die Schüler nicht auf eine mögliche echte Konfrontation mit einer realen Situation dieser Art vorbereiten, wie es moderne Sprechübungen tun. Die Situationen bleiben immer fühlbar abstrakt und konstruiert. Dies zeigt sich zum Beispiel bei der Wahl eines Einkaufssettings: Soll ein Verkaufsgespräch an einem Marktstand stattfinden, auf dem moderne Waren wie Tomaten, Limonade und Haarshampoo ausliegen? Oder schlendert man über ein antikes Forum, um eine neue Toga, einen Haussklaven und einen Familienvorrat an leckerem Garum zu erwerben? Ganz gleich, für welche Szenerie man sich entscheidet, sie wird den Schülern so niemals in der Realität begegnen. Denn anders als im Englischen oder Französischen werden die Schüler wohl nie in die Verlegenheit kommen, auf Latein ein Shampoo zu kaufen. Noch weniger, dies ist zu hoffen, werden sie sich plötzlich zweitausend Jahre in der Vergangenheit auf einem römischen Forum samt Sklavenmarkt zurechtfinden müssen.

Besondere Aufmerksamkeit verdient bei der Planung von Dialogsituationen also der jeweilige Sinn der Übung für die Schüler, der zweifelhafter ist als in neuen Sprachen, und auch die Schwierigkeit, einen solchen situativen Kontext schülernah zu erzeugen. Aufgaben sollten schließlich immer so konzipiert werden, dass sie einen direkt erfahrbaren Sachbezug und ein Erfolgserlebnis mit sich bringen. Bei jüngeren Schülern mag der Arbeitsauftrag, freie Verkaufsgespräche auf einem Forum zu simulieren, noch auf Begeisterung stoßen. Ältere Schüler möchten möglicherweise lieber einen Dialog mit einer Pointe verfassen oder in Kleingruppen ein Sachthema diskutieren.

Sinn und Unsinn der Grammatikübungen

Nicht nur freie Kommunikationsübungen, auch Grammatikaufgaben sollten für die Schülerinnen und Schüler einen klar erkennbaren Sinn und dabei möglichst lebensnahen Bezug aufweisen. Ein Beispiel dafür ist das Spiel »Ich packe meinen Koffer und nehme mit …«, das sich wunderbar schon mit jüngeren Schülern auf Latein durchführen lässt: In diesem Spiel werden reihum einzelne weitere Gegenstände im Akkusativ ergänzt und von den Mitspielern aus dem Gedächtnis wiederholt. Bei einer fehlerhaften Wiedergabe der Akkusativkette scheiden die Teilnehmer nach und nach aus, bis der Mitspieler mit der größten Gedächtnisleistung als Sieger feststeht (S. 57 f.).

Die Übung ähnelt in der Durchführung also einem lernzielorientierten »Drill« bzw. einer Einschleifübung, bei der automatisiert wird, Akkusative in schneller Folge zu wiederholen und neu zu bilden. In der Wahrnehmung der Schüler steht jedoch ein anderes Ziel im Vordergrund. Sie suchen nach besonders lustigen Wörtern, um ihre Mitspieler zu erheitern; sie fiebern aufmerksam bei den Redebeiträgen der Mitschüler mit und versuchen, jeden noch so kleinen Fehler in der Formbildung zu entdecken. Sie empfinden also den spielerischen Kontext und den Wettbewerbscharakter der Übung als motivierend, was sich sicherlich in ihrem Lernerfolg widerspiegelt. Der »Unsinn« des Spiels macht für die Schüler innerhalb der Spielsituation also viel mehr Sinn als der an sich »höhere Sinn«, den der langfristige Spracherwerb und der Blick auf die anzueigenden Kompetenzen mit sich bringen.

Wie in diesem Beispiel sollte das Prinzip auch bei anderen Grammatikübungen zum Latine Loqui stets sein, den Sachbezug bzw. das Spielziel in den Vordergrund zu stellen und die Spracharbeit – zumindest in der Schülerwahrnehmung – zum reinen Mittel zur Erreichung dieser Ziele werden zu lassen.

Kulturspezifische Eigenarten von Sprache

Wir haben uns bereits den Dialogübungen in den neuen Fremdsprachen zugewendet und festgestellt, dass hierbei, anders als im Lateinunterricht, praktisch brauchbare Redewendungen eingeübt werden. Die Kommunikationsübungen dienen weiterhin auch dazu, *kulturspezifische* Eigenarten der jeweiligen Sprache zu erkennen und ihre Anwendung einzuüben. So gibt es beispielsweise in der englischen Sprache eine Reihe von Höflichkeitsfloskeln und eine Art verbaler Unterwürfigkeit, die deutschen, kulturspezifisch vergleichsweise forschen Schülern zunächst fremdartig erscheint. Hier reicht es auch nicht aus, ein paar typische englische Floskeln als Vokabeln zu lernen und passiv rezipieren zu können; die Wendungen müssen auch korrekt gedeutet und in der richtigen Situation selbst aktiv angewendet werden können. So könnte ein deutscher Schüler nach einer erfolgreichen Wortschatzarbeit die Wendung »in my humble opinion« zwar wörtlich korrekt ins Deutsche übersetzen und verstehen, dass der Gesprächspartner gerade seine eigene geäußerte Meinung als wertlos bezeichnet hat. Doch ohne die Einübung in situativen Kontexten besteht die Gefahr, dass diese bescheidene Formulierung – gerade im Zuge einer Meinungsverschiedenheit! – als kriecherisch oder gar als sarkastisch-aggressiv fehlinterpretiert wird. Die Reaktion auf eine solche Floskel kann dann ihrerseits unangemessen ausfallen und dadurch zu weiteren Missverständnissen mit dem muttersprachlichen Diskussionspartner führen. Wird die Wendung aber häufig genug in möglichst realistischen Dialogsituationen geübt, so werden auch andere ähnliche Topoi und Floskeln als kultur- und sprachspezifische Eigenart richtig verstanden werden, selbst wenn sie nie explizit eingeübt worden sind.

Dialogische Kommunikationsübungen dienen in den neuen Fremdsprachen also nicht nur dem Ziel, dass die Schüler bei einer Klassenfahrt nach London, Paris oder Barcelona nach dem Weg fragen und sicher zurück in ihre Herberge gelangen können. Sie helfen auch, sich auf angemessene Art in einer fremden Kultur zurechtzufinden und die richtigen Worte im richtigen Tonfall zu äußern. Was lässt sich hier aus den neuen Fremdsprachen auf das Latine Loqui übertragen?

Dialogübungen bereiten einen Lateinschüler natürlich anders als in den neuen Sprachen niemals darauf vor, mit einem echten Native Speaker ins Gespräch zu kommen, und helfen ihm also auch nicht dabei, dessen kulturspezifische Äußerungen in der direkten Kommunikation zu verstehen. Wie die alten Römer Latein außerhalb der Literatur wirklich gesprochen haben, lässt sich ohnehin nur schwer rekonstruieren: Zeitgenössische Äußerungen sind uns schließlich nur schriftlich überliefert. Auch die Komödien von Plautus sind literarische Texte, die in metrischen Versen verfasst und außerdem mehr oder weniger nah an griechischen Vorgängertexten orientiert sind. Man sollte daher nicht versucht sein, Komödiendialoge wegen ihrer kurzen Sätze und der inhaltlichen Flapsigkeit als Repräsentationen echter Alltagssprache misszuverstehen. Selbst Graffiti – wieder schriftliche Zeugnisse – und in höchster Eile diktierte, darum möglicherweise kaum Korrektur gelesene und sprachlich »unverfälschte« Notizen in Ciceros Briefkorpus können uns nur begrenzt Auskunft darüber geben, wie Latein zur Zeit Cäsars innerhalb der römischen Stadtgrenzen nun tatsächlich aktiv gesprochen wurde. Sprachhistorische Blicke auf die Entwicklungen der verschiedenen romanischen Sprachen liefern weitere Puzzleteile zur Rekonstruktion des »ursprünglichen« Vulgärlateins – doch es bleibt bei kaum verifizierbaren Annäherungsversuchen. Es ist uns also schlichtweg nicht möglich, das gesprochene Latein mit seinen kultur- und sprachspezifischen Eigenarten vollständig zu rekonstruieren, um es heute in einem situativen Kontext mit einer Lerngruppe zu simulieren.

Aber selbst wenn wir es könnten – wäre das für unseren Lateinunterricht überhaupt wünschenswert? Meiner Meinung nach unterscheiden sich die Lernziele des Unterrichts der neuen und alten Fremdsprachen gerade in diesem Punkt. Latein ist uns allein in seiner schriftsprachlichen Facette überliefert, und die im Unterricht erworbenen Lateinkenntnisse sollen (mal abgesehen von den vielen anderen Lernzielen, die sich auf allgemeine Sprach- und Kulturkompetenzen beziehen) letztendlich bei der Lektüre dazu dienen, rein schriftliche Quellen anhand der ein oder anderen Fragestellung nachvollziehen zu können. Der Gebrauch spezifisch vulgärlateinischer Floskeln ist für die Lektürefähigkeit nicht dienlich und sollte daher auch nicht zum reinen Selbstzweck durchgeführt werden.

Stellen wir uns also der paradoxen Aufgabe, die spezifischen Eigenarten der lateinischen Schriftsprache durch aktivsprachliche Kommunikationsübungen zu vermitteln. Bei der Suche nach spezifischen Eigenarten lateinischer Schriftsprache stoßen wir nun schnell an die nächsten Grenzen, nämlich die unterschiedlichen Regionen und Epochen, in denen lateinischsprachige Literatur produziert wurde, die vielfältigen Autorenstile, vor allem aber die Grenzen, die literarische Gattungen zueinander bilden.[4] Was typisch für eine Cicerorede ist, findet sich nicht unbedingt in Vergils Aeneis oder Ovids Ars Amatoria wieder.

Es gibt daher Lateinsprecher, die sich möglichst komplett auf ciceronisches Vokabular beschränken. Im universitären Kontext hilft dies zwar den Studierenden, die sich so auf die rein klassischen Stilübungsklausuren vorbereiten, doch im schulischen Lateinunterricht ist dies meiner Ansicht nach ein unnötiges selbstauferlegtes Handicap. Letztendlich steht es also jedem Lehrer frei, hier sein eigenes Maß zwischen ciceronisch verbürgtem klassischen Latein und Elementen aus anderen Texten zu finden.

Bei aktivsprachlichen Elementen im Schulunterricht können bisweilen auch Entscheidungen getroffen und Formulierungen gewählt werden, die der kulturspezifischen Eigenart des Lateinischen eigentlich widersprechen. Allein die Begrüßung »salvete, discipuli discipulaeque« wäre für einen echten muttersprachlichen Lateiner auch in Kenntnis unserer Kultur unnötig kompliziert, da in der Form »discipuli« natürlich auch die weiblichen Mitschülerinnen enthalten sind. Doch da die explizite Nennung beider Geschlechter zurzeit im Deutschen die übliche Form höflicher Begrüßungen an gemischtgeschlechtliche Gruppen darstellt, ist im schulischen Kontext die wörtliche Rückübersetzung der deutschen Formel in zwei lateinische Formen durchaus angebracht. Ein philologisches Feilschen um das generische Maskulinum mit den Kolleginnen und Kollegen oder gar den Schülerinnen und Schülern selbst könnte als kleinkariert und rückständig missverstanden werden, wobei der Energieaufwand in keinem Verhältnis zum Nutzen stünde. Wichtig ist bei solchen Kompromissen jedoch, sich aller Entscheidungen zu »unlateinischeren« Formen bewusst zu sein und den jeweiligen Bezug und Anknüpfungspunkt zur Lektürefähigkeit zu kennen.

Ein anschauliches Beispiel für eine echte spezifische Eigenart der lateinischen Sprache begegnete mir kürzlich bei einer lateinischsprachigen Fortbildung über die Didaktik des Latine Loqui in Amöneburg, veranstaltet durch den Verein Europäische Lateinwochen e. V. Ein Teilnehmer war ein italienischer Muttersprachler – dass er selbst auch fließend Deutsch versteht und spricht, hielt er übrigens den ganzen ersten Tag lang vor den meisten Teilnehmern geheim und zwang uns

---

4   Dass durch das aktive Sprechen der lateinischen Sprache das Gespür der Schülerinnen und Schüler soweit geschärft wird, dass sie sogar solcherart unterschiedliche lateinische Stile erkennen, wie Sigrid Albert (1990) anführt, scheint dabei zumindest im Rahmen des Schulunterrichts ein unrealistisch hohes Lernziel zu sein.

so, konsequent Latein mit ihm zu sprechen. Dieser junge Mann stammte aus der Toskana, wo ein Dialekt gesprochen wird, in dem sich die unterschiedlichen Bedeutungen von »iste« und »ille« erhalten haben. So fiel ihm besonders auf, dass wir deutschen Teilnehmer für »dort« stets – in falscher deiktischer Verwendung! – »ibi« sagten. Die Worte »illic« oder »istic« hatte er seiner eigenen Aussage nach in den drei Tagen der Fortbildung kein einziges Mal in aktiver Verwendung gehört.[5]

Nach so vielen Jahren des Lateinlernens und auch aktiven Sprechens fühlten wir uns durch seine Beobachtung regelrecht ertappt und baten ihn, uns den Unterschied noch einmal genau zu erklären. Er improvisierte also spontan eine Übung, in der wir uns so, wie wir im Raum saßen, unterhalten und über verschiedene Punkte, Wege und Gegenstände im Raum sprechen sollten: Sprachen wir über die Position greifbar naher Dinge, sagten wir »hic«, ging es um den Gegenstand unseres Gesprächspartners, »istic«, und sprachen wir miteinander über einen Gegenstand einer dritten Person, war »illic« die richtige Wahl; analog hierzu übten wir auch den Gebrauch von »hinc«, »huc« etc. Nachdem unser Praeceptor einige Male korrigierend eingegriffen hatte, war uns die unterschiedliche Verwendung nach so vielen Jahren passiven Rezipierens endlich bewusst genug, dass wir die Wörter nun auch aktiv richtig anwenden konnten (auf S. 61 f. soll eine Anleitung zu dieser Übung gegeben werden).

Eine solche Korrektur durch einen Quasi-Muttersprachler ist beim Latine Loqui natürlich eine Ausnahme und ein absoluter Glücksfall. Dass verschiedene Vokabeln gewählt werden müssen, je nachdem, wie die Sprecher zueinander im Raum positioniert sind, lässt sich aus Texten zwar theoretisch rekonstruieren. Nachvollziehen und anwenden lässt sich diese Besonderheit der lateinischen Sprache aber nur in einer realen, und das heißt in diesem Fall: dreidimensionalen Gesprächssituation. Diese Erfahrung zeigt deutlich, dass Latine Loqui viel mehr sein kann als ein reines laut ausgesprochenes Rückübersetzen deutscher Phrasen ins Lateinische.

Kompetenzen

Im kompetenzorientierten Lateinunterricht stellt sich insbesondere die Frage, welche Kompetenz mit dem Einsatz von Latine Loqui gefördert werden kann.

---

5   Für den interessierten Leser seien an dieser Stelle auch die italienischen Entsprechungen der Ortsadverbien genannt: »hic«: »qui«; »istic«: »costì«; »illic«: »lì«. Die entsprechenden Pronomina haben sich gewandelt zu den Formen »hic«: »questo«; »iste«: »codesto« und »ille«: »quello«. In der heutigen italienischen Standardsprache werden »codesto« und »costì« zwar noch verstanden, aber als literarisch und altertümlich wahrgenommen und nicht mehr aktivsprachlich genutzt.

Was die Trias »Sprachkompetenz«, »Textkompetenz« und »Kulturkompetenz« anbelangt, so geht es in erster Linie natürlich um die Sprachkompetenz. Hierbei werden, um die nächste Schublade unter dem Überbegriff »Kompetenz« zu öffnen, alle drei Kompetenzbereiche abgedeckt (z. B. Bedeutungen kennen, Bedeutungen anwenden, Bedeutungen entwickeln), vor allem aber die unteren zwei. Da in meinem Ansatz auf schriftliche Elemente möglichst vollständig verzichtet wird, dient das Latine Loqui lediglich zur Vorbereitung auf die spätere Arbeit an Texten. Sind beispielsweise in aktivsprachlichen Unterhaltungen die Personalendungen häufig genug eingeübt worden, spart man viel Zeit und Mühe bei der Formbestimmung und Übersetzung: »-mus« heißt »wir« und »-tis« heißt »ihr«; um das sicher zu wissen, muss ein geübter Lateinsprecher im Geiste keine Formtabellen mehr abzählen.

Welche Kulturkompetenzen geschult werden, hängt vom jeweiligen Thema und Lerngegenstand ab. In meiner Arbeit am Museum werden beispielsweise im Rahmen der Ausstellung »Über Kommunikation« Götter, ihre Attribute und Zuständigkeitsbereiche behandelt. Anschließend erarbeiten wir anhand eines barocken Wandteppichs die Geschichte, Hintergründe und Folgen rund um das Parisurteil. Dieses Ziel ließe sich zweifelsohne auf Deutsch schneller erreichen und die Sprachkompetenzen lassen sich auch an modernen Bildergeschichten ganz ohne Antikenbezug vermitteln. Da meiner Erfahrung nach aber die Sprachkompetenz besonders gut mit erzählenden, spannenden Geschichten gefördert wird, kann man diese Ziele kombinieren, so dass im Rahmen einer Unterrichtseinheit beide Bereiche zugleich angesprochen werden. Ein weiterer Vorteil historischer oder mythischer Settings ist natürlich die Wortschatzarbeit, die vor allem Vokabeln einübt, die auch bei der Lektüre relevant sind.

Ein großer Nutzen auf der Ebene der Sprachkompetenz ist, dass es hier bisweilen zu unerwarteten Aha-Effekten kommt. Als ich mit einem Nachhilfeschüler, der derzeit im dritten Lernjahr zu den schwächeren Schülern gehörte, anhand von Schulbuchillustrationen in ganzen Sätzen Bildbeschreibungen in lateinischer Sprache formulierte, stellte er überrascht fest: »Ach, da brauch ich ja in jedem Satz so ein Verbdingens!?« – Ja, durchaus, jeder Satz enthält ein Prädikat mit Personalendung. Obwohl ich meinen Schüler beim Übersetzen in jedem Satz erneut explizit darauf aufmerksam gemacht hatte und wir beim vorentlastenden Formenbestimmen schon seit Monaten geübt hatten, immer zuerst das Prädikat zu suchen, kam ihm diese grundlegende Erkenntnis doch erst, als er die Sätze selbst formulieren sollte. Beim Latine Loqui werden also die ganz basalen Grundlagen von Sprache auf eine Weise erfahrbar gemacht, die da ungeahnte Lücken schließen kann.

Zusammenfassung
- Beim Latine Loqui im Schulunterricht wird zwischen den zwei Zielen »Spracherwerb« und »Kommunikationsübung« unterschieden.
- Je nach Zielsetzung werden die Übungen verschieden konzipiert und bei der Durchführung wird unterschiedlich streng auf sprachliche Korrektheit geachtet.
- Jede Sprache hat eigene kulturspezifische Eigenarten, die in dialogischen Kommunikationsübungen bewusst gemacht und verinnerlicht werden.
- Im Schulunterricht vermittelt Latine Loqui durch aktive Sprechübungen Eigenschaften des schriftsprachlichen Lateins und muss gleichzeitig weitere Vorgaben und Bildungsziele der jeweiligen Lerninstitution beachten. Daher müssen bisweilen Kompromisse eingegangen werden, z. B. durch die explizite Anrede beider Geschlechter (»Salvete, discipuli discipulaeque!«).
- Jede Übung sollte einen klaren Sachbezug und ein Ziel aufweisen, das die Schülerinnen und Schüler mit dem Mittel der lateinischen Sprache erreichen können.

Mögliche Lehrerrollen

Viele Versuche, Latine Loqui im Unterricht einzusetzen, scheitern an der falschen Wahl der Lehrerrolle. Ein Referendar, der seine motivierteste und lebendigste Klasse für dieses Experiment ausgewählt hat, blickt nach seinem – wie immer perfekt vorbereiteten – Impulsvortrag auf einmal in eine stumme Reihe frustrierter Gesichter; eine erfahrene Lehrerin, die ihre Rabaukenklasse sonst allein durch das Hochziehen einer Augenbraue zur Ruhe bringt, ringt angesichts einer kleinen Störung plötzlich um die richtigen Worte, kann sich nicht rechtzeitig zwischen Deutsch und Latein entscheiden und bricht schließlich angesichts des aufbrausenden Chaos das Experiment lieber vorzeitig ab, um den Unterricht auf Deutsch noch zu einem guten Abschluss zu bringen.

Latine Loqui ist kein Rollenspiel. So ist es zunächst richtig, dass Lehrer unverstellt und in ihrer eigenen Lehrerpersönlichkeit den Unterricht anleiten. Und doch ist die erprobte, vielleicht bereits »zur zweiten Haut« gewordene Lehrerrolle der ungewohnten Unterrichtssituation im Latine Loqui oft nicht angemessen: Das Kenntnisgefälle ist viel geringer als sonst, die neue Situation sorgt sowohl bei den Schülerinnen und Schülern als auch bei der Lehrkraft für Unruhe und Unsicherheit. In diesem Kapitel soll über verschiedene mögliche Lehrerrollen beim Latine Loqui reflektiert und bei der Wahl der persönlich passenden Rolle geholfen werden. Vieles aus diesem Kapitel wird in den späteren Kapiteln aufgegriffen und weitergeführt.

Bei den folgenden Überlegungen zur Lehrerrolle für einzelne Unterrichtselemente werden verschiedene Aspekte der Unterrichtsplanung behandelt, die nicht immer klar voneinander zu trennen sind. Das Reflektieren über die eigene Selbst- und Fremdwahrnehmung und das Entwickeln einer eigenen Lehrerpersönlichkeit beschäftigt Lehrende gerade in der Anfangsphase der didaktischen Ausbildung. Die Rollenwahl für das spezielle Unterrichtselement »Latine Loqui« soll natürlich nicht den ganzen Findungsprozess wiederholen oder gar an den Grundfesten der gefundenen Lehrerrolle rütteln. Doch wer sich vor dem Einsatz dieses neuen Unterrichtselements unsicher fühlt, dem kann es helfen, sich erneut klarzumachen, in welcher Rolle er sich eigentlich besonders wohl und sicher fühlt, wie er dort hingelangt ist und was genau den eigenen Unterrichtsstil besonders gelungen macht.

Umgekehrt gibt es auch nach jahrelanger Unterrichtserfahrung bisweilen Dinge, die eine Lehrkraft im Unterricht aus dem Konzept bringen können. Daher ist es vor einem ungewohnten Experiment wie dem Latine Loqui empfehlenswert, auch zu überdenken, welche Schülerreaktionen es eigentlich genau sind, die einen beschäftigen oder gar Enttäuschung hervorrufen können. Sind es Störungen durch unruhige Schüler? Verständnislose Gesichter, weil sie eine Aufgabe nicht verstanden haben, gepaart mit einer Trägheit oder gar Scheu, dann doch einfach noch einmal ganz unbefangen nachzufragen? Ist es Langeweile und, je nach Altersstufe, Sarkasmus oder »Blödfinden« von Schülerseite, nachdem in die Unterrichtsplanung so viel Mühe gesteckt wurde, dass man mit hohen Erwartungen die Stunde begonnen hat?

Eine Lehrerpersönlichkeit oder Lehrerrolle kann zwar generell jede Methode unterrichten, sofern sie für das Unterrichtsthema, den Unterrichtsgegenstand und die Lerngruppe angemessen ist – doch manche Methoden passen einfach besser zu einer Lehrerperson als andere. So wird in diesem Kapitel auch auf verschiedene Methoden verwiesen, die zur jeweiligen Lehrerrolle für die Latine-Loqui-Elemente passend erscheinen.

Primus inter Pares

Die Rolle des kaiserlichen *Primus inter Pares* ist besonders geeignet für Lehrkräfte, denen das aktive freie Sprechen bereits relativ leichtfällt. Auch bei unerwarteten Fragen aus der Lerngruppe fällt dem *Primus inter Pares* meist sofort die richtige Vokabel in der richtigen Flexionsform ein. Er lässt sich nicht aus der Ruhe bringen, wenn er sich von den vorbereiteten Abläufen oder Formulierungen lösen und spontan auf eine Schüleraktion reagieren muss.

Der *Primus inter Pares* bevorzugt frontale Methoden und lehrergelenkte Unterrichtsformen. Das bedeutet jedoch nicht, dass er tyrannisch herrscht. Er achtet darauf, seinen eigenen Redeanteil gering zu halten. Lieber führt er die Schüler durch gezielte Nachfragen zur richtigen Lösung, statt sie fertig vorzugeben. Mit seinen Lerngruppen übt er Arbeitsformen ein, die nur wenig moderierendes Eingreifen von Lehrerseite erfordern, denn der *Primus inter Pares* zieht sich von Zeit zu Zeit auch gerne beobachtend zurück. Seine Arbeitsaufträge sind stets gut strukturiert und eindeutig formuliert. Auf Störungen im Unterricht reagiert er sofort. Das Klima in seinen Lerngruppen ist freundlich und respektvoll.

Diese Lehrerrolle ist sinnvoll für Lerngruppen, die zu Störungen neigen oder die aus anderen Gründen, wie z. B. Unsicherheit, kleinschrittige Arbeitsanweisungen, klare Strukturen und viele Rückmeldungen von Lehrerseite wünschen. Auch für Lateingruppen, in denen Schüler aus verschiedenen Klassen zusammengewürfelt sind, die sich noch nicht ganz aufeinander eingestellt haben, ist der gelenkte Unterricht durch einen *Primus inter Pares* gut geeignet.

Passende Übungen und Methoden

Zur Rolle des *Primus inter Pares* passt das Vorgehen, unbekannte Vokabeln intralingual, d. h. mit lateinischen Synonymen oder umschreibend, einzuführen (vgl. S. 51), die Ablativübung »Womit schreibt Quintus?« (S. 89), Bildbeschreibungsübungen u. v. m.

Tiro inter Tirones

Diese Rolle ist besonders geeignet für Lehrkräfte, die für ihr eigenes Sprechen viele Kontrollmöglichkeiten wünschen und diese auch in Schülerhand legen möchten. Dafür eignen sich Lerngruppen, in denen ein besonders vertrauensvolles Klima herrscht, die also am besten nicht zu Beginn der Kennenlernphase stehen. Der Wunsch nach Latine Loqui wurde auch von Schülerseite geäußert und die Motivation ist hoch. Egal, ob es als einmaliges Erlebnis geplant wird oder mit dem Plan, durch langfristige Übung über die Zeit sowohl auf Schüler- als auch Lehrerseite immer mehr Fortschritte zu machen: Das aktive Lateinsprechen wird hier als gemeinsames Experiment verstanden. Daher werden auch gemeinschaftlich und bisweilen ergebnisoffen Strategien zur Sprechhilfe und Selbstkontrolle erarbeitet. Dazu kann das gemeinsame oder auf Arbeitsgruppen verteilte Erstellen von Tandemkarten oder Wortlisten gehören. Bei Arbeitsaufträgen, die Rollenspiele oder andere aktive Handlungen beinhalten, übernimmt die Lehrkraft alle Rollen auch mal mit, ohne eine gesonderte Stellung einzunehmen.

Auch bei Übungen, die vollen Körpereinsatz erfordern, ist der *Tiro inter Tirones* gerne dabei und hat keine Scheu, sich eine Blöße zu geben. Wenn er auf die Aufforderung »Tibi est saliendum« mit der Vokabel »saltare« durcheinandergerät und, statt zu hüpfen, anfängt zu tanzen, freut er sich gemeinsam mit den Schülern über die lustige Situation und lässt sich gerne korrigieren. Vielleicht provoziert er in geringem Maße solche Verwechslungen absichtlich, um der Lerngruppe situationsbezogene Anlässe zu bieten, ihn zu korrigieren. Diese »Fehler« sollten in diesem Fall allerdings sehr maßvoll und glaubwürdig eingesetzt werden. Sie sollen sich außerdem auf das Verwechseln von Vokabelbedeutungen beschränken. Auf sprachliche Fehler in der Formulierung sollte dagegen ganz verzichtet werden, weil nicht gewährleistet werden kann, dass alle Schüler die nachträglich korrigierte Version sicherer im Gedächtnis behalten als den doch viel lustigeren Versprecher selbst, der immerhin mit dem angenehmen Gefühl des gemeinsamen Lachens verknüpft ist. Der *Tiro inter Tirones* ist schließlich ein Kamerad beim Latine Loqui, kein Klassenclown. Noch wichtiger ist mit Blick auf absichtlich herbeigeführte Korrektursituationen, dass die Sprechanlässe beim Latine Loqui immer möglichst sachbezogen bleiben sollen. Jede Korrektur, die den Blick auf die Grammatik lenkt, reißt die Gruppe aus der Kommunikationssituation heraus, so dass jede absichtlich provozierte Korrektursituation – egal, wie viel Spaß sie in dem Moment selbst bewirken mag – eine unerwünschte Unterbrechung zu viel darstellt.

Passende Übungen und Methoden

Ein Beispiel für einen *Tiro inter Tirones* in Aktion ist eine Gesprächsrunde im Plenum oder in Kleingruppen. Das Sachthema wurde von der Lehrkraft vorgegeben oder gemeinsam ausgewählt; dies kann z. B. für den ersten Anfang eine Vorstellungrunde sein, in der jeder Teilnehmer seinen Namen und seine Interessen benennt (siehe S. 45 ff., »Einmaliges Event«). In einem Wortspeicher liegen in bebilderter Form verschiedene Tätigkeiten in der Form von Infinitiven vor. Ein Satzbeispiel schlägt eine mögliche richtige Syntaxstruktur vor wie z. B.: »mihi nomen est …, mihi placet legere, sed pugnare mihi displicet«. Für eine gesprächsfördernde Sitzhaltung empfiehlt es sich, diese Vorschläge nicht in Form von Handouts auszuteilen, sondern mit einem Beamer, Interactive Board oder OHP an die Wand zu projizieren.

Den Beginn der Vorstellungsrunde machen die Schülerinnen und Schüler und fordern sich mit ebenfalls gemeinsam ausgearbeiteten Formulierungen gegenseitig auf (Latine, scilicet), die Redekette fortzusetzen. Ist die Lehrkraft an der Reihe, hält auch sie sich an die vorgegebenen Strukturen, verwendet nur dann neue Wörter, wenn sie als Lernvokabular bereits bekannt sind, und sieht auch von Variationen der Wortreihenfolge ab. Ausnahmen sollten hier nur gemacht werden, wenn auch die Schüler selbst sich bereits freier verhalten haben. In diesem Fall kann die Lehrkraft sich auch dem Leistungsstand der Lerngruppe anpassen und in ähnlich freiem Maße von den Vorgaben lösen.

Weitere passende Übungen für den *Tiro inter Tirones* sind u. a. das Kofferpackspiel auf S. 57 f., »Componere lignum« auf S. 80 ff. und der Parcours auf S. 86 ff.

Thesaurus

Die Rolle des *Thesaurus* eignet sich vor allem für Lehrkräfte, die zunächst nicht selbst frei sprechen möchten, da ihnen zwar spontan alle Vokabeln einfallen, aber das Flektieren der Wortformen im Kopf noch nicht so schnell gelingt wie gewünscht. Dies betrifft vielleicht im besonderen Maße Lehrkräfte, die auch beim Englischsprechen und in anderen Fremdsprachen lieber zuhören, als sich selbst zu beteiligen – obwohl ihnen die Vokabeln meist bekannt sind. Der *Thesaurus* hält sich gern im Hintergrund und möchte seinen Schülerinnen und Schülern trotzdem die Gelegenheit bieten, sich aktivsprachlich auszutauschen. Der Lehrer dient der Lerngruppe vor allem als Vokabellexikon, die Schüler dürfen ihm frei alle Vokabelfragen stellen.

Die Rollenbezeichnung *Thesaurus* trifft vor allem auf solche Lehrkräfte zu, die nicht nur das aktuelle Lehrbuchvokabular, sondern auch unzählige weitere Vokabeln auswendig wissen. Der *Thesaurus* erlebt oft das Phänomen, dass gerade die »unnützesten« Vokabeln am hartnäckigsten im Gedächtnis haften bleiben. Er blättert gern in Lexika und interessiert sich auch für moderne Lateinvokabeln. Vielleicht hat er sich so bereits einen entsprechenden Wortschatz mit Vokabeln wie »computatorium« (Computer), »pedifolle ludere« (Fußball spielen) oder »cavia« (Meerschweinchen) angeeignet und kann sie in Richtung beider Sprachen spontan abrufen – allerdings vor allem in ihrer jeweiligen Grundform.

Daher beruht die Unterrichtsplanung des *Thesaurus* darauf, klar vorgegebene Satzstrukturen einzuüben. Die Syntax sollte so gelenkt werden, dass beim Sprechen vor allem Infinitive und Nominative eingesetzt werden müssen, ohne dass gleichzeitig flektiert werden muss. So ist diese Rolle sicher auch gut für Lehrer geeignet, die gern alle Fäden in der Hand behalten und den Schülern durch einen sehr gelenkten Unterrichtsablauf Sicherheit vermitteln möchten. Der Lerngruppe werden z. B. jeweils ein bis zwei Beispielsätze vorgegeben, bei denen in der freien Kommunikation jeweils nur eine Vokabel bei gleicher Flexionsform durch eine andere ersetzt wird: »Mihi nomen est …, mihi placet legere« etc. (vgl. oben zur Rolle des *Tiro inter Tirones*).

Es fällt Schülern erfahrungsgemäß kaum auf oder stört sie zumindest nicht, wenn sie ihre Sätze in immer den gleichen Satzstrukturen formulieren. Wenn man lernt, eine neue Fremdsprache zu sprechen, wünscht man sich zunächst vor allem, sich auszudrücken und verstanden zu werden und nicht, alle bislang bekannten Grammatikphänomene zur Anwendung zu bringen. Daher werden sichere Satzstrukturen bei entsprechend positivem Feedback gerne wiederholt.

Legt man die Satzstrukturen so fest, dass man nur mit Nominativen auskommen möchte, lassen sich inhaltlich jedoch kaum Informationen vermitteln, so dass die Übungen den Charakter reiner Vokabelabfragen bekommen. Dagegen kann eine Mischung deutscher und lateinischer Redeanteile helfen, wie ich sie bisweilen mit Schulklassen einsetze, um die Hintergründe und Ursachen des Parisurteils anhand einer Bildbeschreibung zu diskutieren. Die einzelnen Elemente der Darstellung mit den Gottheiten, ihren Attributen und ihren Positionen zueinander werden auf Latein benannt, die tiefergehende Diskussion findet auf Deutsch statt.

Bei Bildbeschreibungen oder Bildergeschichten kann außerdem darauf geachtet werden, dass für den allerersten Latine-Loqui-Versuch Material gewählt wird, in dem die Elemente vor allem im Singular vorkommen: »Quid est?« – »Est templum.« oder »Quis adest? Quis deest?« – »Mercator adest. Domina adest. Marcus deest.« Es gibt auch gut erzählbare Bildergeschichten, die allein mit dem Singular in der a- und o-Deklination auskommen, wie z. B. e. o. plauens Vater-und-Sohn-Geschichte über einen Angelausflug, die ich häufig mit Lateinanfängern einsetze. Sollte die Unsicherheit auf Lehrerseite im aktiven Flektieren zeitgleich mit dem Sprechen allerdings wirklich so groß sein, sollte sich der *Thesaurus* unbedingt darin üben, ganze Phrasen einzustudieren. Außerdem sollte er sich angewöhnen, bei Substantiven und Adjektiven nicht nur die Grundform, sondern auch den Nom. Plural bzw. bei Verben neben dem Infinitiv auch die 3. P. Sg./Pl. im Ind. Präsens Aktiv wie eine Vokabel abzurufen (z. B. »laetus, a, um – laeti, laetae, laeta« bzw. »currere, currit, currunt«), bis diese Art der Vokabelangabe ohne viel Nachdenken wiedergegeben werden kann. So kann bei Vokabelfragen auch gleich mit dem Plural gedient werden und die Schüler bleiben in ihren Ausdrucksmöglichkeiten trotz fest vorgegebener Satzstrukturen nicht allzu beschränkt.

Für den *Thesaurus* sei schon an dieser Stelle vorgreifend auf den behelfsmäßigen Trick aus dem Kapitel »Grammatikalische Eigenarten nutzen« verwiesen, bei erzählenden Materialien wie Bildergeschichten oder szenischen Wimmelbildern vornehmlich Vokabeln im Neutrum oder im Plural der konsonantischen Deklination auszuwählen: Hier lautet der Akkusativ gleich wie der Nominativ, so dass beim Sprechen auch bei komplizierteren Formulierungen mit Akkusativobjekten kaum Flexionsarbeit im Hinterkopf ablaufen muss. Auch wenn dieses Vorgehen beim freien sachbezogenen Sprechen zunächst tatsächlich funktioniert und ein schnelles, frustfreies Kommunizieren erleichtert, birgt es bei langfristiger Anwendung natürlich auch eine Gefahr in sich. Schüler könnten sich falsch merken, dass Akkusativobjekte an der Wortstellung erkennbar seien, statt auf die Wortendung zu achten. Mithilfe von grammatikfokussierten Sprechübungen sollten daher die Formen der anderen Deklinationen und Genera ergänzt und ihre Unterscheidung bewusst gemacht werden. Für eine einmalige Latine-Loqui-Erfahrung kann diese Mogelei jedoch gewinnbringend eingesetzt werden und ist daher nicht grundsätzlich zu verteufeln.

Geeignete Satzstrukturen für den *Thesaurus* sind beispielsweise Formulierungen mit »placet« + Nom. Sg oder einem Infinitiv (»quid tibi placet?« – »mihi placet natare/athletica/ars mathematica/canere …«), »licet« oder »opus est« + Inf. – Auch AcI-Übungen eignen sich hervorragend, da sich im Klassenraum viele Situationen herstellen lassen, in denen unterschiedliche Handlungen beschrieben werden, indem jeweils nur der Infinitiv in der sonst immer gleichen Satzstruktur verändert wird.

Der *Thesaurus* kann auch häufig benötigte Wendungen auswendig lernen und regelmäßig im Unterrichtsgespräch anwenden (s. u. S. 35 ff.). Die Grammatik zu diesen Wendungen muss dabei nicht unbedingt schon mit der Lerngruppe behandelt worden sein, ein »Considite, quaeso!« nach der im Stehen erfolgten Begrüßung oder ein »Incipiamus!« zu Stundenbeginn, gepaart mit einer hochmotivierten Körpersprache, ist aus dem Kontext gut verständlich und wird durch häufige Wiederholung zur feststehenden Wendung, deren Grammatik Schüler in der Regel gar nicht hinterfragen.

Passende Übungen und Methoden

Als Übung zum ersten Ausprobieren eignet sich die Stunde, die auf S. 45 ff. als »Einmaliges Event« vorgestellt wird, das Kofferpackspiel auf S. 57 f., Ich sehe was, was du nicht siehst (S. 95), sowie die Sprechübung zur Planung eines Schulausflugs, in der die Bildung des Gerundium im Genitiv erprobt wird, s. S. 88.

Die Vorleserin

Die Rolle der Vorleserin bietet zweifelsohne die größte Sicherheit sowohl für die Lehrkraft als auch für die Schülerinnen und Schüler. Hier liest die Lehrkraft schriftlich vorbereitete Texte oder kurze Dialoge mit Rollenspielelementen vor, die Schüler hören zu. Nach jedem kurzen Sinnabschnitt stellt die Vorleserin – ebenfalls schriftlich vorbereitete – Fragen auf Latein, auf die die Schülerinnen und Schüler mit Ein-Wort-Aussagen bzw. Sätzen, in denen nur ein Wort ergänzt werden muss, antworten.

Die Texte und Textfragen sind also vorgegeben, so dass von der Lehrkraft selbst nicht frei gesprochen werden muss. Die Fragen sind so formuliert, dass die Antwortmöglichkeiten der Schüler jeweils auf eine oder wenige korrekte Lösungen begrenzt sind. Dabei macht die Auswahl des Vokabulars und der Grammatik es möglich, das Augenmerk auf jeweils nur ein grammatikalisches Phänomen zu lenken und andere Fehlerquellen zu vermeiden. Auch für die Schülerantworten gibt es so für jedes gesprochene Wort eine direkte Kontrollmöglichkeit. So gibt es auch bei der Korrektur der Schülerantwort keine unerwarteten Schwierigkeiten für die Lehrkraft, die sich bei den ersten Latine-Loqui-Versuchen noch nicht zu weit hinauswagen möchte.

Derart detailliert vorgeschlagene Dialoge finden sich z. B. bei Bethlehem (2015). Hier bietet zur Übung der Dativformen und Funktionen z. B. S. 57 Textvorschläge für eine Szene, in der ein Geschenk wahlweise einem Jungen, einem Mädchen, verschiedenen Berufsgruppen oder NICHT einem Monster überreicht werden soll. Die Schüler können die einzelnen Sätze wiederholend bestätigen oder verneinen. Weitere Überraschungen sind hier hinsichtlich der Schülerantworten nicht zu erwarten. Ähnliche Übungen können leicht schriftlich vorbereitet und an die jeweilige Lerngruppe und den bekannten Stoff angepasst werden.

Die Worte der Vorleserin sind unflexibel, sie reagiert auf Rückmeldungen der Zuhörer nur, indem sie einzelne Passagen erneut vorträgt oder die Betonung der Wörter variiert. Auch die Schülerantworten sind nicht frei formuliert. Aus diesem Grunde befindet sich diese Methode und die damit verbundene Lehrerrolle im Grenzbereich dessen, was noch als Latine Loqui bezeichnet werden kann. Da Übungen zum Hörverständnis jedoch ähnliche Lerneffekte bewirken können wie das Latine Loqui, werden sie dennoch im Kapitel zu den Methoden thematisiert.

Die Textauswahl der Vorleserin kann sehr variabel gestaltet sein und von den Lektionstexten in der Lehrbuchphase, selbstverfassten Dialogen oder kurzen Sachtexten bis hin zur Originallektüre reichen. Sehr zu empfehlen ist das eigens für diese Unterrichtsform entwickelte einsprachige Lehrwerk »Familia Romana« von Hans H. Ørberg, das an jeden einfach lesbaren Text eine Reihe von Übungsfragen anschließt, die in ebendieser Weise direkt aus dem Text beantwortet werden können.

Im Unterricht der Vorleserin wird vor allem das passive Hörverständnis angesprochen und Vokabeln, die bislang vor allem schriftlich rezipiert worden sind, werden in einem neuen Kontext laut gesprochen wiederholt. Durch die klar vorgegebenen Antwortsätze, in denen nur ein Wort ergänzt werden muss, kann das Augenmerk auf spezielle grammatikalische Themen gelegt werden.

Passende Übungen und Methoden

Satzfragen zu einem bekannten Text

Einordnung in die Unterrichtseinheit: In den letzten Stunden ist ein erzählender, spannender Text übersetzt und bereits im Plenum besprochen worden.
Schritt 1: Die Lehrkraft fordert die Schülerinnen und Schüler auf, zuzuhören.
Sie liest den bereits bekannten Lektionstext langsam und betont vor.

Schritt 2: Anschließend schreibt sie zwei Wendungen an die Tafel: »verum est!« und »falsum est!« Sie spricht die Wendungen laut vor und unterstreicht die Bedeutung durch Mimik und Gestik, z. B. durch Nicken und Kopfschütteln oder einen erhobenen und gesenkten Daumen.

Schritt 3: Sie wendet sich wieder der Klasse zu und stellt Satzfragen zum lateinischen Text, z. B.: »Marcus in forum currit. – Estne verum? An falsum est?« Wenn der Satz richtig ist, soll er zur Bestätigung in Gänze wiederholt werden: »Verum est: Marcus in forum currit!« Ist die Aussage falsch, korrigieren die Schüler sie: »Falsum est: Marcus non in forum currit. Marcus in Circum Maximum currit!«

Damit die Übung einen sachlichen Bezug zum weiteren Unterricht hat, sollte dieser nun thematisch oder inhaltlich an den solchermaßen wiederholten Text anschließen.

Die Regisseurin

Die Rolle der Regisseurin ist geeignet für Lehrkräfte, die vielleicht zunächst noch nicht selbst allzu frei sprechen möchten, jedoch ihren Schülern die Gelegenheit geben möchten, Latein selbst aktiv anzuwenden und von einer neuen Seite zu erfahren. Schon vor den ersten Versuchen mit Latine Loqui hat die Regisseurin immer großen Wert darauf gelegt, dass ihre Schüler die lateinischen Texte laut und betont vorlesen. Leierndes Runterlesen von Texten, ganz gleich, in welcher Sprache, ist ihr ein Graus. Die Regisseurin kennt viele Methoden der szenischen Darstellung und lässt ihren Lerngruppen gerne Raum für eigene Kreativität. Ob die Schüler noch am Beginn des Lateinunterrichts stehen oder sich bereits in der Lektürephase befinden, vom Sextaner bis zur Oberstufe, die Regisseurin weiß für jede Phase eine geeignete Methode und wandelt sie gerne auch spontan für ihre Lerngruppe ab.

Die Regisseurin erkennt schnell, welche Schüler gern im Vordergrund stehen und wer sich lieber bedeckt hält. Sie ermutigt unsichere Schüler, mehr aus sich herauszukommen, drängt jedoch niemanden zu Situationen, in denen er sich unwohl fühlt. Sie kann auch bei turbulenteren, offenen Unterrichtsformen schnell zwischen echten Störungen und bloß »wilderem Verhalten« unterscheiden. Im Ernstfall sorgt sie blitzschnell für Ruhe. Sie versteht es, spontan und angemessen auf unvorhergesehenes Schülerverhalten zu reagieren – möchte dies aber nicht in lateinischer Sprache tun.

Die Regisseurin ist präsent, selbst wenn sie sich im Hintergrund hält; die Schüler wissen auch bei freien Arbeitsformen immer ganz genau, wo sich die Regisseurin gerade im Raum befindet. Sie haben Freude daran, ihr ihre Zwischenergebnisse zu präsentieren und wenden sich gerne ratsuchend an sie. In den Lerngruppen der Regisseurin herrscht ein vertrauensvolles Klima. Ihre Rolle eignet sich besonders für Lerngruppen, die sich bereits über einige Zeit kennengelernt haben und nicht mehr zu Beginn ihrer Kennenlernphase stehen. Sie passt zu Gruppen, in denen Raum für Kreativität gewünscht ist – aber auch unsichere Schüler erhalten durch diese Lehrerrolle die nötige Anleitung und Feedback.

Passende Übungen und Methoden

Für die Regisseurin eignen sich besonders die Übungen auf S. 77 ff. (Nonsense-Dialog), S. 79 f. (Statusspiel), S. 71 ff. (Kommunikation) sowie die Übungen zum Textvortrag ab S. 96.

Die Rollenspielerin

Kommunikation ist für die Rollenspielerin weit mehr als gesprochene Sprache: Latein spricht sie mit vollem Körpereinsatz. Neue Vokabeln werden mit einer ausdrucksstarken Gestik und Mimik eingeführt. Sie verstellt die Stimme und kann allein auch Dialoge oder sogar Szenen ganzer Protagonistengruppen darstellen, wobei immer deutlich wird, welcher Akteur gerade handelt. Die Rollenspielerin setzt gerne Requisiten ein, könnte aber auch ganz ohne Hilfsmittel sogar die Kampfstile der verschiedenen Gladiatorentypen so eindeutig vorspielen, dass den Zuschauern die fehlenden Ausrüstungsteile klar vor Augen stehen. Die Rollenspielerin hat keine Scheu davor, sich lächerlich zu machen, und ermutigt mit ihrem Vorbild auch die Schüler, alle Mittel der Ausdrucksmöglichkeiten zu wagen.

Diese Rolle ist ideal für Lerngruppen geeignet, in denen ein vertrauensvolles Klima herrscht und die sich bereits über einige Zeit kennengelernt haben. Die Lehrkraft muss darauf Acht geben, dass ihr rollenspielerischer Einsatz zu keiner reinen Unterhaltung wird und der Unterricht nicht als Bühne für die eigene Selbstdarstellung missbraucht wird. Hier gilt es vor allem, den Unterschied zwischen klamaukigem Spaß und Freude am Lernen zu kennen und ständig zu beachten. Im Mittelpunkt stehen die Schüler, ihr Lernziel und die lateinische Sprache. Latein sollte daher kein Mittel zur Illustration des Schauspiels, sondern umgekehrt das Rollenspiel ein Hilfsmittel zur Vermittlung der lateinischen Sprache sein.

Passende Übungen und Methoden

Für die Rollenspielerin eignen sich besonders die Vokabeleinführungsübungen auf S. 51, der Einsatz lateinischer Phrasen im Unterricht auf S. 51 f., die Ablativübung »Womit schreibt Quintus?« auf S. 89 sowie die Vokabelpantomimenübungen auf S. 52.

Zusammenfassung
- Der Einsatz von Latine Loqui setzt nicht voraus, dass die Lehrkraft selbst frei und fehlerfrei Latein sprechen kann.
- Beim Latine Loqui kann wegen des geringeren Kenntnisgefälles und der ungewohnten Situation eine vom normalen Unterrichtsstil abweichende Lehrerrolle sinnvoll sein.
- Die Rolle sollte mit Blick auf die Persönlichkeit, die Lerngruppe und die Stärken und Schwächen beim freien Lateinsprechen auf Lehrer- und Schülerseite gewählt werden.
- Zwischen dem komplett frei sprechenden »Primus inter Pares« und der »Vorleserin«, die sich vollständig an schriftlich vorbereitete Textvorgaben hält, bestehen viele Zwischentöne, so dass jede Lehrkraft eine geeignete Rolle für sich finden kann.

Gelegenheiten zum Lateinsprechen im Unterricht

Durch das aktive Sprechen der lateinischen Sprache im Unterricht können, wie oben bereits ausgeführt, zwei Ziele erreicht werden, die sich recht scharf voneinander trennen lassen: Das aktive Erleben der lateinischen Sprache als funktionierendes Kommunikationsmittel auf der einen Seite, sozusagen als »atmosphärische Bereicherung«,[6] und das Bewusstmachen, Einüben und Verinnerlichen spezifischer sprachlicher Phänomene auf der anderen Seite.

Die Gelegenheiten zum Sprechen sind weit vielfältiger und lassen sich zu beiden Zwecken einsetzen. Im folgenden Kapitel sollen einige dieser Gelegenheiten vorgestellt werden. In der Praxis wird eine Lehrkraft, die Latine Loqui einsetzt, vermutlich mehrere Sprechgelegenheiten miteinander kombinieren und in derselben Lerngruppe verschiedene Anlässe wahrnehmen. Daher dient die Trennung zwischen den Gelegenheiten in der hier vorgestellten Strenge vor allem der Systematik und die Praxis wird etwas anders aussehen. Am Ende jedes Unterpunktes werden jeweils praktisch anwendbare Beispiele oder Einstiegsübungen angeführt, die an die jeweilige Lerngruppe und die eigene Unterrichtssituation angepasst und ausprobiert werden können.

Einübung weniger unterrichtsbezogener Wendungen

Einige Wendungen werden im Unterricht immer wieder gebraucht. Neben der Begrüßung und Verabschiedung zählen dazu beispielsweise die Aufforderungen, die Bücher zu öffnen, ein Tafelbild abzuschreiben oder die Fenster zu schließen. Da diese Wendungen zumeist von der Lehrkraft an die Lerngruppe gerichtet verwendet werden, üben sie vor allem das Hörverständnis. Die direkt erfahrbaren situativen Kontexte, aber auch die sinnlichen Komponenten, die neben Mimik und Gestik auch in der Stimme und ihren Ausdrucksmöglichkeiten liegen, helfen nicht nur beim Verstehen, sondern auch beim Verankern des neu Gelernten.

---

6 Fritsch, 1990.

Neben dem Wortschatz durch die häufig wiederkehrenden Vokabeln werden durch die Einführung lateinischer Wendungen vor allem die Formen des Imperativs im Singular und Plural inklusive ihrer verschiedenen Arten der Verneinung, aber auch die Wortendungen des Akkusativs wiederholt. Eine bayerische Lehrkraft berichtete mir außerdem, dass sich die Aussprache ihrer Schülerinnen und Schüler stark verbessert hatte, nachdem sie häufig von ihr gesprochene Wendungen rezipiert hatten. Nicht nur die Längen und Kürzen von Vokalen in häufig gehörten Vokabeln wurden so sicher gelernt. Die Schüler begannen auch die Geminaten anderer Vokabeln, selbst wenn sie nie eigens thematisiert worden waren, hörbar zu realisieren (etwa in »es-se« oder »mit-tere«). Spätestens bei der Lektüre von Dichtung mitsamt der Skandierungslehre kann diese unbewusst mitvermittelte Sprachkompetenz Vorteile mit sich bringen, die ein rein schriftliches Rezipieren nicht hätte erreichen können.

Hörverständnis

Man kann häufig im Unterricht benötigte Wendungen rein einsprachig einführen und aus dem Kontext erschließen lassen. Dieses Vorgehen hat sicherlich seine Vorteile und kann durch das motivierende Erlebnis auf Schülerseite (»Ha, das habe ich ja jetzt alles verstanden!«) sehr gut ankommen. Es kann aber auch zu Verständnisproblemen führen, die nicht immer bemerkt oder von Schülerseite angesprochen werden. Kollegen erzählten mir, dass sie teilweise erst aus den viel später durchgeführten anonymen Evaluationen erfuhren, wie viele Schüler die regelmäßig scheinbar so erfolgreich eingesetzten Wendungen gar nicht verstanden hatten.

Sinnvoller ist bei den ersten Wiederholungen daher manchmal ein wohldosiertes Vorgehen, das mir als sogenannte »Sandwichmethode« (nach Butzmann) vorgestellt wurde. Hierbei wird dem lateinischen Satz die deutsche Übersetzung mit gesenkter Stimme gleich hinterhergeschoben, um dann die lateinische Formulierung erneut laut zu wiederholen: »*Surgite quaeso!* Steht bitte auf. *Surgite quaeso!*« Nachdem die Wendung so unmissverständlich als Vokabel eingeführt worden ist, lässt man die deutsche Übersetzung nach wenigen Wiederholungen einfach fort. Je nach Lerngruppe kann hier aber auch der negative Effekt von Stützrädern beim Fahrradfahren eintreten; wenn die Schülerinnen und Schüler sich zu sehr darauf verlassen, dass die Lehrkraft ja ohnehin alles auf Deutsch wiederholt, konzentrieren sie sich weniger auf die lateinische Wendung selbst. Der Lerneffekt kann durch die unterstützende Übersetzung also geringer ausfallen, als wenn sie rein einsprachig eingeführt würde. Hier ist also Augenmaß und eine gute Beobachtungsgabe gefordert.

Latinisierte Namen

Für viele Wendungen ist es notwendig, latinisierte und deklinable Formen der Schülernamen einzuführen. Aus Max wird beispielsweise »Maximilianus« oder »Maximus«, aus Melike »Melica« und aus Jörg »Georgus«. Ein Kollege spricht zudem die Klassensprecher bisweilen als »consul« bzw. im Plural als »consules« an, um variationsreich die konsonantische Deklination zu üben. Mit Blick auf den Leistungsstand der Lerngruppe sollte fallweise entschieden werden, ob man sich bei den Namen auf die a- und o-Deklination beschränkt oder von Beginn an auch Namen aus der konsonantischen Deklination hinzuzieht, die ggf. von den Schülern bei der Bildung von Kongruenzen mit Adjektiven der a- und o-Deklination als schwieriger und damit als »ungerecht« empfunden werden.

Aktiver Gebrauch

Einige Wendungen werden auch von Schülerseite so regelmäßig an die Lehrkraft gerichtet, dass sie auf Latein eingeführt werden können. Neben der Begrüßung und Verabschiedung kann dazu auch die Bitte um die Erlaubnis für einen Toilettengang gehören, die Aufforderung an die Mitschüler oder Lehrkraft, die Fenster zu öffnen oder zu schließen oder auch die Bitte an die Lehrkraft, eine Erklärung oder einen Arbeitsauftrag noch einmal zu wiederholen. Häufige Wendungen sind auch »Oblitus/oblita sum libri mei/libelli mei/pensi domestici/ …« – »Ich habe mein Buch/mein Heft/meine Hausaufgaben/ … vergessen«. Diese Wendungen haben neben der Vokabelwiederholung und natürlich der Freude am aktiven Lateinsprechen auch den Vorteil, dass die Unterscheidung von maskuliner und femininer Wortendung bewusst gemacht, aktiv angewendet und situationsbezogen »erlebbar« eingeübt wird.

Je nach Einzugsgebiet der Buskinder oder bei einer schulinternen Abschaffung von Fünfminutenpausen für den Raumwechsel kann auch die Frage nach dem Verbleib einzelner Schüler so häufig vorkommen, dass sich auch hier die Einführung einer ritualisierten lateinischsprachigen Konversation lohnt. Zu Beginn der Stunde fragt die Lehrkraft auf Latein die Gruppe nach dem Verbleib fehlender Mitschüler, wobei die Schüler auf Latein antworten. Ein solcher Dialog könnte wie folgt aussehen: »Quis hodie deest? Deestne Merle (oder ›Merula‹)?« – »Ita. Merle hodie deest.« oder »Merle non deest. Nondum adest, sed sero veniet.« – oder schlichtweg »Nescio.«

Lernerfolge und Probleme

Bei einem Latine-Loqui-Konvent berichtete ein Teilnehmer, welchen Nutzen er im Lateinunterricht aus der Einübung solcher Wendungen ziehen konnte. Er hatte im Rahmen seines Lehramtsstudiums ein Praktikum an einer Schule absolviert, an der ein anderer Latine-Loqui-begeisterter Lehrer unterrichtete. Als der Praktikant für diesen Kollegen kurzfristig die Krankheitsvertretung übernehmen sollte, stand gerade die Einführung des Hortativs an. Als die Schüler die ersten Hortativformen an der Tafel sahen, freuten sie sich: »Das kennen wir schon! Herr B. sagt doch immer ›incipiamus‹, wenn wir loslegen sollen!« Die Bedeutung der Form in jeweils passenden Situationen war der Lerngruppe so bereits aus der eigenen Erfahrungswelt vertraut. Im weiteren Unterricht fiel nun auch die Bewusstmachung dieses Phänomens und die Übertragung ins Deutsche nicht mehr weiter schwer.

Ein weiterer Kollege wertete am Ende des ersten Halbjahres des Spracherwerbs mit einer sechsten Klasse, in der er den regelmäßigen Einsatz lateinischer Unterrichtswendungen versucht hatte, die Lernerfolge durch seine Methode anhand einer schriftlichen Übersetzungsaufgabe aus. In den Text hatte er gezielt einige Wendungen aufgenommen, die den Schülern bislang nur aus der mündlichen Anwendung bekannt waren, sowie Wendungen, die sowohl mündlich eingeführt und eingeschliffen worden waren als auch als Lernvokabel aus dem Schulbuch bekannt waren. Das Ergebnis war auf den ersten Blick mehr als zufriedenstellend: Von 29 Schülern übersetzte kein Einziger das Wort »iterum« falsch, wobei zwei Schüler es flapsig mit »noch mal« übersetzten, statt auf die im Schulbuch angegebene Bedeutung zurückzugreifen; im Unterricht hatte die Lehrkraft mit dem Wort dazu aufgefordert, einen Redebeitrag zu wiederholen. Kritisch war jedoch anzumerken, dass in dem speziellen Kontext dieses Übersetzungstextes für »iterum« die im Schulbuch angegebene Bedeutung »wiederum« sogar besser gepasst hätte als das »noch mal«. Ebenso verhielt es sich mit der Wendung »nescio«, die zwar inhaltlich von allen Schülern richtig erfasst wurde, einige Male jedoch allzu frei als »keine Ahnung« wiedergegeben wurde, was nicht einmal zur Syntax des Satzes im Übersetzungstext passte.

Als Fazit hielt der Kollege aus diesem Experiment daher rückblickend fest, dass die mündliche Einübung von unterrichtsbezogenen Wendungen in situativen Kontexten zwar einen deutlichen Lernerfolg mit sich bringt, was die grobe und eher assoziative Semantik der Vokabeln anbelangt. Dennoch sollten alle lektürerelevanten Wendungen zusätzlich auch in feiner abgestimmter Übersetzung angegeben werden und auch die Schulbuchvokabeln sorgfältiger gelernt und überprüft werden, als er es in diesem Halbjahr durchgeführt hatte. Andernfalls kann es bei Übersetzungsaufgaben zu Problemen kommen, vor allem, was die Syntax betrifft.

Zum Ausprobieren: Vorschläge nützlicher Wendungen

Im Folgenden werden einige nützliche wiederkehrende Wendungen für den Lateinunterricht aufgeführt. Die Liste lässt sich natürlich beliebig erweitern und variieren. Die Auflistung ist ausdrücklich *nicht* dafür gedacht, sie den Schülern als schriftliche Vokabelliste hineinzureichen und alleine als Hausaufgabe auswendig lernen oder übersetzen zu lassen. Alle Phrasen eignen sich im Gegenteil dazu, sie wie im folgenden Beispiel im situativen Kontext durch ihre sachbezogene Anwendung einzuführen. Der Lerngruppe ist in diesem Beispiel bereits bekannt, dass sie durch die Wiederholung der Formulierung des Lehrers »Omnes adsunt« bestätigen, dass alle Schüler anwesend sind und dass sie mit dem Wort »deest« erklären, wer im Einzelnen fehlt.

    Magister: »Adsuntne omnes?«
    Multi discipuli: »Adsunt.«
    Unus discipulus: »Merle deest.«

(Es folgt mehr oder minder lauter Widerspruch von Merles Freundinnen auf Deutsch, dem sich entnehmen lässt, dass die Schülerin wohl bloß noch auf dem Weg aus der Pause verschollen ist.)

    Magister: »Adestne Merle hodie?« Die Lehrkraft nickt bestärkend in Richtung der Freundinnen und fragt weiter: »Merle nondum adest, sed sero veniet!?« Sie zeigt auf ihre Uhr und zur Tür, die Freundinnen verstehen die Geste und stimmen zu; sie können an dieser Stelle aufgefordert werden, die Worte »sero veniet« zur Bestätigung zu wiederholen (»Repete quaeso …!«). Die Information, dass das Prädikat im Satz »Merle sero veniet.« der Futur I-Bildung der i-Konjugation folgt, ist unerheblich für das Verständnis und sollte in der Situation selbst nicht eigens thematisiert werden. Ist die Form erst einmal im Kontext dieser konkreten Situation eingeführt und durch spätere Wiederholungen gesichert, kann später beim Einführen des Futur I explizit darauf eingegangen werden.

Nützliche Wendungen für den Unterricht

Zu Stundenbeginn

Surgite, quaeso!	*Steht bitte auf!*
Salvete, discipuli discipulaeque!	*Seid gegrüßt, Klasse!*
Salve, magister! / Salve, magistra!	*Sei gegrüßt, Lehrer/Lehrerin!*
Considite, quaeso!	*Setzt euch bitte!*
Adsuntne omnes?	*Sind alle da?*
Ita, omnes adsunt.	*Ja, alle sind da.*
Fabianus/Iulia non adest. Aegrotus/a est.	*Fabian/ Julia fehlt. Er/sie ist krank.*
Merle nondum adest. Sero veniet.	*Merle ist noch nicht da, sie kommt später.*
Incipiamus!	*Lasst uns beginnen!*

Einübung weniger unterrichtsbezogener Wendungen

Alltagswendungen

ita (est). sic (est). certe.	Ja (oder: Wiederholung des Prädikats)
minime. Nullo modo. Non.	Nein (oder: non + Wiederholung des Prädikats)
quaeso!	bitte!
gratias (tibi/vobis) ago!	danke!
da(te) veniam! ignosce/ite! ignoscas/atis!	Entschuldigung!
Licetne …?	Ist es erlaubt, zu …?
Licet!	Du darfst!

Anweisungen im Unterricht

Promite libros (vestros)!	Holt eure Bücher raus!
… libellos	… die Hefte
Ponite stilos in mensa (mensis)!	Legt die Stifte auf den Tisch!
Capite stilos et scribite!	Nehmt eure Stifte und schreibt!
Distribuite has chartas (haec folia)!	Verteilt diese Blätter!
Da/Redde mihi!	(beim Einsammeln:) Gib's mir (zurück)!
Gratias tibi ago!	Danke!
Lege proximam sententiam, quaeso!	Lies den nächsten Satz vor, bitte!
Quae verba vobis ignota sunt?	Unbekannte Wörter?
Quis nunc convertere vult?	Wer übersetzt?
Bene/optime (dicis/dixisti).	Gut/sehr gut.
Recte (dicis/dixisti).	Richtig.
Paene!	Fast!
Hoc erat falsum.	Das war falsch.
Bene/optime didicisti/fecisti!	Gut gelernt/gemacht!

»Begleiterscheinungen« und Aufmerksamkeit

Tace(te)! Silentium!	Ruhe!
Noli garrire!	Quatsch nicht!
Licetne mihi ad latrinam ire?	Darf ich aufs Klo gehen?
Aperi/Claude fenestram, quaeso!	Fenster auf/zu!
Quis curat tabulam hodie/ hac septimana?	Wer hat heute/diese Woche Tafeldienst?
Purga tabulam, quaeso!	Wisch bitte die Tafel!
Ubi est spongia/creta?	Wo ist der Schwamm/Kreide?
Cenare (edere)/bibere non licet!	Essen/Trinken nicht erlaubt!
Quis pergere vult/cupit?	Wer will weitermachen?
Dic iterum (rursus)!/Repete, quaeso!	Noch mal, bitte!

(Dic) magna/maiore voce, quaeso!	*Laut/Lauter, bitte!*
... ut omnes audiant.	*... damit es alle hören.*
Ecce pensum domesticum!	*Seht her, die Hausaufgaben!*
Satis!	*Es reicht!*

Für schriftliche Tests

Nomen discipuli/discipulae:	*Name: ...*
Praenomen: ...	
Nomen gentile: ...	
nota/iudicium magistri: ...	*Note: ...*
Feliciter! Bene eveniat! Bena cedat!	*Viel Glück!*
Fortuna te adiuvet/tibi adsit! etc.	
»Quinque minutae (vobis)«	*»Noch fünf Minuten!« [mit Fingergeste]*
restant/supersunt!«	

Verabschiedung

Cras vos videbo.	*Ich seh' euch morgen.*
Valete!	*Auf Wiedersehen!*
Vale!	*Auf Wiedersehen!*
Bona pausa vobis sit!	*Schöne Pause!*

Ritual: Freies Sprechen zu Stundenbeginn

Nachdem das Sprechen gemeinsam eingeführt und ein wenig geübt worden ist, lässt sich freieres, kommunikatives Latine Loqui gut als häufig wiederkehrendes Ritual zum Stundenbeginn einsetzen, wie dies in den neuen Fremdsprachen oft der Fall ist. Von grammatikzentrierten Übungen als Ritual ist hierbei eher abzuraten, da sie stärker kontrolliert und korrigiert werden müssen, z. B. durch Tandemkarten, die jeweils aufgabenspezifisch vorbereitet werden müssen. Zudem empfiehlt es sich bei Sprechübungen mit dem Fokus auf dem Spracherwerb, je nach Grammatikphänomen unterschiedliche Methoden einzusetzen, die ebenfalls jeweils eine gewisse Zeit der Einführung benötigen. Sowohl die Vorbereitung für die Lehrkraft als auch die Durchführung in der Stunde selbst sind daher zu zeitaufwendig, als dass sich Grammatikübungen zum Stundenbeginn regelmäßig durchführen lassen. Freie Kommunikationsübungen lassen sich dagegen schnell vorbereiten, einführen und punktgenau wieder beenden und sind darum in der Praxis realistischer regelmäßig einsetzbar.

Schaffung von Gesprächsanlässen

Nach der Begrüßung wird ein sachbezogener Gesprächsanlass gegeben, zu dem die Schülerinnen und Schüler wenige Minuten lang aktiv sprechen. Ein Vorteil eines stark gelenkten Unterrichtsgesprächs im Plenum ist sicherlich vor allem wieder die Zeitersparnis, da die Lehrkraft den Schlusspunkt leicht selbst setzen kann und die Phase zu Stundenbeginn so jeweils wirklich nur 3–5 Minuten dauert. Bei disziplinierten Lerngruppen können die Schüler aber auch aufgefordert werden, sich in Kleingruppen zu unterhalten. Die Lehrkraft geht dabei herum, hört zu und gibt wohldosiertes Feedback. Korrekturen sollten jedoch wirklich nur in sehr geringem Maße durchgeführt werden: Es geht bei dieser Übung vor allem darum, regelmäßig und viel zu kommunizieren und nicht um die Einübung der Grammatik.

Dabei möchte ich dringend dazu raten, als Lehrkraft auf eine Variation der Gruppenzusammensetzungen oder noch besser der Gesprächsanlässe zu achten, die in der Umsetzung auch eine wirkliche Variation der Formulierungen nach sich zieht. Die sehr frei gehaltene Aufgabenstellung »Unterhaltet euch 3 Minuten auf Latein« kann dazu führen, dass sich jede Kleingruppe im Laufe der Zeit auf immer die gleichen Sätze einschießt, welche die Schüler dann gruppenintern Stunde um Stunde herunterbeten. In meinem eigenen Russischunterricht in der Oberstufe ist dies passiert. Hier durften wir uns zu Stundenbeginn auf diese Art über zwei Jahre hinweg immer dieselben Fragen stellen. Das führte letztendlich dazu, dass ich heute aus dieser Zeit vor allem den leider in der Praxis recht unbrauchbaren Satz »In Stexwig gibt es keinen Flughafen« im Gedächtnis behalten habe. So beliebt also derzeit auch Modelle zum eigenverantwortlichen Lernen ohne strenge Kontrolle durch eine Lehrkraft wieder sein mögen, so gilt in der Praxis meiner Ansicht nach dennoch: Auf die Motivation und Eigeninitiative der Schülerinnen und Schüler allein zu hoffen und darauf zu vertrauen, dass sie diese tolle Gelegenheit auch wirklich zum selbständigen Lernen nutzen, ist in kaum einer Altersklasse zielführend. Schüler sind keine Didaktiker, und daher sollte man auch nicht von ihnen erwarten, dass sie sich ihr Lernziel, ihr Thema, den Gegenstand, die Methodik und auch ihre Motivation völlig allein aus dem Hut zaubern. Daher fällt auch bei freien Lernformen wie aktivsprachlichen Kommunikationsübungen der Lehrkraft die Aufgabe zu, den Schülern sachbezogene, interessante Sprechanlässe zu bieten.

Beschreibungen von Bildern und Gegenständen

Ein solcher schnell aktivierender und ebenso schnell wieder beendeter, dabei stark variierender Gesprächsanlass könnte eine kurze Bildbeschreibung zu Stundenbeginn sein. Gerade bei jüngeren oder leicht abzulenkenden Schülern empfiehlt sich hier jedoch kein reizüberflutendes Wimmelbild; ein Ziel und Schlusspunkt der Beschreibung muss klar erkennbar sein, damit der schnelle Abbruch der Übung nach wenigen Minuten nicht willkürlich oder frustrierend wirkt. Ein Tipp: Viele Schulbuchredakteure achten bei den Illustrationen ihrer Lehrwerke darauf, dass sie den Lektionstext nicht nur dekorieren, sondern sinnvoll vorentlasten. Daher finden sich in der Regel zu jeder Lektion ein paar brauchbare Abbildungen, bei deren Beschreibung aktuelles Lernvokabular angewendet werden kann.

Neben Bildern können aber auch Kuscheltiere oder andere Gegenstände hochgehalten und beschrieben werden. Das Formulieren von Sätzen sollte, wie bereits erwähnt, aus Schülerperspektive nie dem reinen Selbstzweck dienen, sondern immer nur Mittel zum Zweck sein, um ein übergeordnetes Ziel zu erreichen. Wenn die Schüler vor allem Freude bei absurden Gesprächsanlässen zeigen, kann daher etwa der Auftrag erfolgen, dass die Gegenstände gelobt, beschimpft oder von der einen Hälfte der Lerngruppe angeklagt und von der anderen Hälfte verteidigt werden sollen; Ideen zur Variation bringt sicherlich bald auch die Lerngruppe selbst ein.

Anfangs können besonders nützliche Vokabeln oder Wendungen gemeinsam an der Tafel gesammelt werden. Mit der Zeit sollte auf diese Hilfestellung verzichtet werden. Sie kostet einerseits zu viel Zeit für eine regelmäßige Anwendung, vor allem sollte aber das Ziel ja kein Ablesen von Texten, sondern ein freies Sprechen sein.

Mit Beschreibungsübungen werden vor allem Adjektive im Nominativ Singular in präpositionaler Verwendung mit »esse« und ihre unterschiedliche Flexion, je nach Genus ihres Bezugswortes, geübt (»Equus citus/celer est.« – »Puella laeta est.« – »Etiam puer laetus est.«). Nachdem diese Verwendung sicher sitzt, sollten nach wenigen Wiederholungen Bilder oder Gegenstände gewählt werden, deren Beschreibung auch die Pluralbildung erfordert.

Vielleicht formulieren die Schülerinnen und Schüler aber auch Prädikate in der 3. Person Singular im Präsens (»Equus currit.« – »Puella gaudet.« – »Puer ridet.«) und adverbiale Ortsbeschreibungen oder greifen zur Lösung der Aufgabe auf ganz andere, unerwartete Wendungen aus vergangenen Lektionstexten zurück. Was auch immer geschieht, versuchen Sie die ersten freien Sprechversuche nicht zu gängeln oder gezielt auf bestimmte grammatische Strukturen zu lenken. Denn wie nicht zuletzt der Konstruktivismus lehrt, werden Schüler sich eine Wendung, die in der Gesprächssituation selbst praktikabel ist, merken und beim nächsten Anlass wiederholen. Und was ihnen nicht zielführend erscheint, vergessen sie ohnehin gleich wieder. Freies Sprechen als Ritual zu Stundenbeginn ist somit ein Experiment mit ungewissem Verlauf.

Die folgende Einstiegsübung ist als Erstkontakt mit dem Latine Loqui noch recht lehrerzentriert konzipiert. Weitere Beispiele, die sich für freiere ritualisierte Kommunikationsübungen zu Unterrichtsbeginn eignen, finden sich u. a. im Methodenkapitel dieses Buches.

Zum Ausprobieren: Charakterisierungsübung »Asterix contra Obeligem«
Medien: Beamer/Interactive Board/OHP
Bild 1: Asterix und Obelix.
Bild 2: Dasselbe Bild mit Textbausteinen und Satzanfängen.
Schritt 1: Die Lehrkraft wirft Bild 1 mit den beiden Figuren Asterix und Obelix an die Wand und fordert die Schülerinnen und Schüler auf, in Partnerarbeit genau zwei Minuten lang lateinische Vokabeln zu sammeln, die ihnen zu dem Bild einfallen. Sie stellt einen Wecker und gibt ein Start- und ein Endsignal für die Sammelphase.

Je nach gewähltem Bild und bekanntem Wortschatz werden vermutlich einige folgender Vokabeln gesammelt:
- Substantive: vir, homo, amicus, Gallus, Caesar, Romanus, vicus, saxum, cibus, cena, porcus, canis, miles, ...
- Adjektive: robustus, fortis, magnus, parvus, crassus, prudens, sapiens, callidus, stultus, citus, ...
- Verben: pugnare, cogitare, portare, bibere, cenare, edere, ...

Schritt 2: Die Lehrkraft fordert die Schüler auf Deutsch oder Latein dazu auf, die Stifte wegzulegen. Sie wirft Bild 2 an die Wand. Dasselbe Bild ist in einem kleineren Format zu sehen. Darunter findet sich eine Auswahl aus folgenden Satzanfängen, die je nach Bekanntheit des eingeführten Vokabulars gekürzt oder angepasst werden können:

Asterix est ...	Obelix est ...
Asterix non est ...	Obelix non est ...
Asterix solet ...	Obelix solet ...
Asterix bene potest ...	Obelix bene potest ...
Asterix male potest ...	Obelix male potest ...

Die Lehrkraft liest die Satzanfänge betont vor und unterstreicht die Bedeutung jeweils durch Mimik und Gestik wie z. B. einen erhobenen oder gesenkten Daumen für »bene« und »male«.

Schritt 3: Die Lehrkraft fordert die Schüler auf, sich in zwei Gruppen aufzuteilen: Die einen favorisieren Asterix, die anderen Obelix. Abwechselnd sollen die Gruppen nun in jeweils einem ganzen Satz begründen, warum »ihre« Figur besser bzw. die andere Figur weniger gut ist. Sobald einer Gruppe keine weitere Begründung mehr für den Sieg der eigenen Figur einfällt, hat die andere Gruppe gewonnen.

Für die »Kampfphase« kann auch die Überschrift »Asterix contra Obeligem« an die Tafel oder als Überschrift auf die Folie geschrieben werden. Die fremdartige Veränderung des bekannten Namen »Obelix« kann Neugier und Interesse an der Akkusativbildung wecken, die im Anschluss an das Spiel bewusstgemacht und für weitere Formbildungsübungen genutzt werden kann.

Einmaliges Event

Latine Loqui als regelmäßiges Unterrichtselement einzusetzen, wird manchen Lehrkräften zumindest anfangs als allzu ambitioniert erscheinen. Häufig wird stattdessen zunächst das Ziel gesetzt, dass die Schülerinnen und Schüler Latein einmal als Kommunikationssprache erfahren sollen. Hierfür reicht eine einmalige Sprechgelegenheit in der Regel aus. Eine solche Einheit passt in eine einzige Schulstunde und muss nicht zwingend mit der vorangehenden oder anschließenden Einheit verknüpft werden.

Die Anlässe solcher Latine-Loqui-Einheiten sind vielfältig. Mit der eigenen Lerngruppe kann auf diese Weise ein »Brückentag« zwischen der Leistungsabfrage und dem Beginn des neuen Themas sinnvoll gefüllt werden. Auch kurz vor den Ferien scheint regulärer Unterricht manchmal kaum möglich, so dass von Schülerseite alternative Angebote wie (Lern-)Spiele oder besonders lustige Texte gewünscht werden und auch Latine Loqui gerne ausprobiert wird. Die ausgelassene Stimmung in solchen Stunden und die geringere Scheu, Fehler zu machen, kann für die aktive Kommunikation nur hilfreich sein.

Aus meiner eigenen Arbeit weiß ich außerdem, dass einmalige Latine-Loqui-Workshops gerne für einen Tag der offenen Tür gebucht werden. Auch kurz vor der Wahl bzw. Abwahl der Fremdsprachenkurse kommen gehäuft Anfragen für ein solches Event. Die Konkurrenz um die Schülerzahlen ist bekanntlich sehr hoch, und auch bei einem guten Klima im Lehrerkollegium sind die Spielregeln im Kampf um die Anmeldungen bisweilen entsprechend rau. Während die Lehrkräfte der neuen Fremdsprachen hier mit Bildercollagen von Studienfahrten, Präsentationen von Austauschschülern oder – weniger sprach-, sondern mehr kulturbezogen – kulinarischen Spezialitäten aufwarten können, stehen die Lateinlehrkräfte oft etwas ratlos da. Da werden auf ihren Auslagetischen unter der Überschrift »Latein« Replikate von Wachstäfelchen samt Griffeln ausgestellt, Asterixbände auf Latein durchgeblättert und vielleicht ein paar Münzen und Knochenwürfel in die Hand gegeben. Mit dem Alltag im Lateinunterricht, für den doch eigentlich geworben wird, haben all diese Realien allerdings wenig zu tun. »Schnupperworkshops« mit unterhaltsamen Einführungsübungen zum Latine Loqui sind zwar auch nicht gerade Repräsentationen dessen, was einen Schüler wirklich im Lateinunterricht erwarten wird – doch das sind die Tapas und Käsehäppchen der Konkurrenz schließlich genauso wenig. Wenn es bei einem solchen Informationstag nicht nur um den Unterricht geht, sondern vor allem Lust auf das Fach und die Sprache an sich geweckt werden soll, ist auch hier ein Anlass für Latine Loqui gegeben. Man sollte sich jedoch hüten, Erwartungen an einen Lateinunterricht zu wecken, die dann in der Praxis nicht erfüllt werden können.

Je nachdem, ob mit der eigenen Lerngruppe mit einem weitgehend einheitlichen Leistungsstand gearbeitet wird oder mit Schülern, die sich aus verschiedenen Klassenstufen zusammenfinden, liegen also unterschiedliche Voraussetzungen vor. Die eigene Lerngruppe kennt man bereits, man weiß, welche Vokabeln und Phänomene sie schon gelernt haben und kann ihren Leistungsstand und nicht zuletzt auch ihre Gruppendynamik einschätzen. All dies sind zweifelsohne Vorteile. Nachteilig ist jedoch gerade bei älteren Schülern, wenn sie sich zum Sprechen gezwungen fühlen, vor allem wenn ihnen der Bezug zur nächsten Prüfung und auch zur mündlichen Leistungsbewertung unklar ist.

Bei Projektstunden kann man dagegen davon ausgehen, dass ein gewisses Grundinteresse am Latine Loqui und eine Sprechbereitschaft bei allen Teilnehmern vorhanden ist; ansonsten hätten sie ja ein anderes Angebot gewählt. Da die Lehrkraft nicht für die Notenvergabe zuständig ist, könnten die Schülerinnen und Schüler weniger Hemmungen haben, sich eine Blöße zu geben oder Fehler zu machen. Und wenn sich die Schüler noch nicht untereinander kennen, hat dies außerdem den Vorteil, dass Vorstellungsrunden und Spiele, bei denen sie sich gegenseitig zu ihren Interessen befragen sollen, einen spürbaren Sinn für die Teilnehmer haben.

Zum Ausprobieren: Vorstellungsrunde + Spiel: »Quis sum?«
Die folgende Übung kann als erster Einstieg ins Latine Loqui sowohl mit einer Gruppe eingesetzt werden, die sich bereits kennt, als auch mit einer Gruppe von Schülern, die erstmals in dieser Konstellation aufeinandertrifft. Sie benötigt je nach Lerngruppe 30–45 Minuten, eignet sich für jede Altersgruppe und kann in späteren Stunden wieder aufgegriffen und variiert werden.

Medien: Beamer/Interactive Board/OHP
Material: Ein weicher Ball o. Ä. zum Zuwerfen
Folie 1: Einführung der Wendungen: »Quid nomen tibi est?«/»Mihi est nomen ...«
Folie 2: Einführung der Wendungen »Quid tibi (non) placet?«/»Placetne tibi ...?« und »Mihi placet ...«

Folie 3: Prominentenraten: Eine Liste von bekannten realen und fiktiven Personen, die mit der Vorliebe oder Abneigung der bereits eingeführten Tätigkeiten charakterisiert werden können.

Kreppband und Stifte, um Namensschilder an der Kleidung zu befestigen

Sitzordnung: Hufeisen oder Halbkreis mit Sicht auf das Medium

Einstieg: Die Lehrkraft wirft ein Bild an die Wand, auf dem sich zwei Personen einander vorstellen: »Salve! Quid nomen tibi est?«[7] – »Mihi nomen est Iulia.« Die Lehrkraft liest die Sätze vor, wobei sie durch Mimik und Gestik den Sinn verdeutlicht. Anschließend stellt sie sich anhand des Satzes selbst vor. Sie wendet sich mit der Frage direkt an einen Schüler/eine Schülerin der Lerngruppe, wirft ihm/ihr den Ball zu und fordert auf Latein oder durch Gesten dazu auf, in derselben Art fortzufahren.

Erste Kommunikationsphase: Die Schülerinnen und Schüler werfen sich in einer Redekette den Ball zu, stellen sich die Frage nach dem Namen und antworten auf Latein. Anfangs werden viele den vorgegebenen Text ablesen. Im Laufe der Zeit verinnerlichen sie die Wendungen und sprechen auswendig.

Einführung weiterer Wendungen: Die Lehrkraft wechselt zur nächsten Folie. Hier werden Personen bei der Ausübung von Hobbys gezeigt wie Malen, Kochen, Reiten, Boot fahren … Dazu werden die Wendungen eingeführt: »Quid tibi placet?« – »Pingere mihi placet.« (o. ä.) und »Placetne tibi pingere?« – »Ita est! Pingere mihi placet!« Es können auch Personen, die bei der Ausübung einer Tätigkeit unglücklich wirken, gezeigt werden mit der Wendung: »… sed equitare mihi displicet.« oder einfacher mit der Verneinung der bereits bekannten Wendung »… mihi non placet.«

In einem gesonderten Kasten finden sich weitere bebilderte Vokabeln und Wortverbindungen wie »libros legere«, »musicam audire«, »texere«, »pugnare«, »cantare«, »saltare« und ggf. moderne Wendungen wie »televisorium spectare« (fernsehen), »computatorio ludere« (Computer spielen).

Zweite Kommunikationsphase: Die Lehrkraft liest betont die neuen Wendungen vor, stellt mit der vorgegebenen Satzstruktur die eigenen Hobbys vor und fordert wie zuvor einen Schüler/eine Schülerin auf, in derselben Weise die Redekette fortzusetzen.

Dritte Kommunikationsphase (Vertiefung): Anschließend wird eine Folie gezeigt mit der Überschrift »Quis sum?« oder »Quis ego sum?«. Darunter finden sich

---

7 Unter Lateinsprechern findet sich bisweilen Uneinigkeit, ob hier das adjektivische »quod« oder das substantivisch gebrauchte »quid« richtiger ist. Beide Formulierungen sind belegt, wenn auch nicht klassisch. Die Frage »Quod nomen tibi est?« bezieht sich eher auf die Art bzw. den Status eines Namens, während »Quid nomen tibi est?« nach dem Namen selbst fragt. Daher ist hier die Formulierung mit »quid« gewählt worden.

etwa zehn verschiedene Namen oder besser noch Bilder von realen und fiktiven Figuren aus Büchern, Filmen oder von Prominenten. Die Namen können, müssen aber nicht latinisiert sein, da sie im Verlauf der Übung nur im Nominativ gebraucht werden und eine Flexion der Namen nicht nötig sein wird. Auf der Folie findet sich die Wendung »Placetne mihi …?« sowie in einem Kasten die Auswahl der zuvor eingeführten Tätigkeiten.

Bei der Auswahl der Figuren ist darauf zu achten, dass ein Bezug zu den bereits eingeführten Tätigkeiten besteht. Wurde beispielsweise die Vokabel »natare« eingeführt, ist ein Bild von Dagobert Duck, wie er in Geld schwimmt, sinnvoller als ein Porträtbild derselben Figur. Gut ist es auch, wenn zu allen Tätigkeiten mehrere Figuren einen Bezug haben; neben Dagobert Duck wären also auch SpongeBob, die Meerjungfrau Arielle, der Gott Neptunus oder der Fisch Nemo prominente »Schwimmer«.

Vielen Schülern wird das Spiel »Personenraten«, »Prominentenraten« oder auch »Wer bin ich?« bereits in ähnlicher Form bekannt sein. Daher kann die Lehrkraft dazu auffordern, dass jemand dem Plenum die Spielregeln kurz auf Deutsch erklärt, oder erläutert sie selbst auf Latein, z. B. mit folgendem Beispieltext:

»Unus quisque ex nobis« (deutet mit dem Finger auf sich und den Rest der Gruppe) »erit persona[8] quaedam« (weist mit dem Finger auf die Figuren auf der Folie). »Nomen personae scribitur hoc in signo« (zeigt das Kreppband und die Stifte), »deinde nomen personae in vestibus ponetur et hic haerebit« (zupft dort an der Kleidung, wo das Kreppband in Brusthöhe befestigt werden soll). »Tunc ambulabimus« (deutet Umhergehen an). »Rogabimus:« (verändert für die wörtliche Rede ein wenig die Stimme) »›Placetne mihi … natare?‹ Alii respondebunt:« (verändert wieder die Stimme zur wörtliche Rede, auch im folgenden Verlauf) »Ita est!« (nickt bekräftigend). »Natare tibi placet!‹, et fortasse iam solvam: ›Ego sum SpongeBob!‹« (betont alle drei Wörter des Lösungssatzes, schaut erwartungsvoll). »Si verum erit« (zeigt Daumen hoch, strahlt und nickt), »Victoria!‹ clamabo, ›ludus finitus est!‹ Si verum non erit« (senkt Daumen, guckt traurig und schüttelt den Kopf), »alius interrogabit.« (zeigt auf die anderen Teilnehmer).

Nachdem Fragen zu den Regeln auf Deutsch, Latein oder in einer Mischung aus beiden Sprachen geklärt sind, weisen sich die Gruppenteilnehmer gegenseitig verdeckt einen Namen aus der Liste zu. Sie befestigen die Schilder so an

---

8 »persona, personae, f.« ist nicht gleichbedeutend mit dem deutschen Wort »Person«, sondern bedeutet »Figur«, »Rolle« oder »Charakter«. An dieser Stelle passt es daher gut und hat gleichzeitig den Vorteil, dass die Schüler den Sinn wegen des bekannten Fremdwortes leicht auch im Lateinischen verstehen.

ihrer Kleidung, dass sie für andere gut lesbar sind, aber vom Träger selbst nicht gesehen werden. Anschließend sollen sie entweder im Stuhlkreis oder nach Entfernen der Stühle frei im Raum umhergehend nach den bekannten Mustern Fragen zur eigenen Person stellen, z. B. »Quis sum? Placetne mihi natare?«; wird die Frage bejaht, darf eine zweite Frage gestellt oder ein Lösungsversuch unternommen werden: »Sum SpongeBob« oder »Mihi est nomen SpongeBob!« Wird die Frage verneint, ist der Nächste an der Reihe bzw. muss eine neue Person angesprochen werden, um weiterzufragen. Das Spiel ist beendet, wenn alle Mitspieler ihr »Alter Ego« erraten haben.

Alternative Spielart: Mir wurde von einem Lateinlehrer berichtet, dass das Spiel in seiner Latine-Loqui-AG auch ohne eine Vorauswahl von Prominenten gut funktionierte. Hier wählten die Schülerinnen und Schüler sich wie in der bekannten Version »Prominentenraten« selbst gegenseitig Figuren aus. Dabei wurde nicht mit der Wendung »placetne mihi …?« und Infinitiven, sondern mithilfe einer Reihe von vorgegebenen Substantiven wie »politicus«, »scriptor«, »cantor« oder »artifex« und den femininen Entsprechungen sowie mit einigen präpositional gebrauchten Adjektiven gearbeitet, wobei Formen von »esse« geübt wurden: »Sumne scriptor?« – »Ita est. Es scriptor.« Eine solche Übung fordert allerdings mehr eigene Leistung beim Wählen der richtigen Flexionsform. Die oben vorgeschlagene Methode, lediglich fertig vorgegebene Satzbausteine zusammenzusetzen, scheint mir für den Anlass eines einmaligen Events daher zunächst besser geeignet.

Wortschatzarbeit

Man kennt es vielleicht selbst aus anderen Fremdsprachen: Zuhörend versteht man sehr viel, aber beim aktiven Sprechen fallen einem einfach nicht auf Anhieb alle Wörter ein. Dies ist beim Latine Loqui natürlich ebenso der Fall. Doch auch die glänzende Kehrseite der Medaille, nämlich das Erfolgsgefühl, wenn man sich in der Fremdsprache doch ausdrücken konnte und vom Gegenüber verstanden wurde, lässt sich ebenso aufs Latine Loqui übertragen. Vokabeln, die erstens in einem situativen Kontext angewendet und zweitens mit diesem Erfolgsgefühl einer funktionierenden Kommunikation verknüpft sind, bleiben daher weit sicherer und langfristiger im Gedächtnis als Vokabeln, die im stillen Kämmerlein als abstrahierte Kodierungen von einer Papierliste abgelesen wurden; dies lässt sich auch durch die Theorien der konstruktivistischen Didaktik und ihre Begründung von Lernprozessen erklären. Diesen Umstand kann man nutzen, indem man Lernvokabeln in sachbezogenen Kommunikationsübungen einführt und von den Schülern selbst dialogisch einüben lässt.

Für gewöhnlich lernen Schüler Vokabeln in die Richtung Latein-Deutsch und müssen sie in Texten »nur« wiedererkennen. Der Vorschlag vonseiten der Lehrkraft, die Vokabeln doch gleich in beide Richtungen zu lernen, oder gar die Ankündigung, das Gelernte beim nächsten Vokabeltest auch in die Richtung Deutsch-Latein abzufragen, stößt auf wenig Gegenliebe. Schüler erklären oft voller Überzeugung, dass sie dadurch ja »doppelte Arbeit« hätten. Zumindest ihrem subjektiven Gefühl nach sind es also zwei unabhängig voneinander ablaufende Lernprozesse, die hier stattfinden. Vokabellernen ist demnach mehr als das parallele Abspeichern von Wortpaaren. Es ist für sie vielmehr das Training, kontextunabhängig Wörter wiederzuerkennen und in eine einzige Richtung mit der deutschen Bedeutung zu assoziieren. Nur aus diesem Grund sind auch Eselsbrücken erfolgreich, die nicht mit der Wortbedeutung zu tun haben (z. B. »venire« heißt »kommen«, also heißt »convenire« »zusammenkommen« und demnach auch »treffen«), sondern lediglich an bestimmte arbiträre Merkmale wie Buchstabenkombinationen erinnern (z. B. »Immer musste ich allein Fahrrad fahren, aber ›endlich‹ wurde das ›Tandem‹ erfunden!«).

Wie Lena Florian eindrücklich durch empirische Studien zeigt, in denen sie Schülerpaare beim Übersetzen aufgenommen und die Gespräche bis ins kleinste Detail transkribiert, ausgewertet und gedeutet hat, wird von Schülern beim Übersetzen die meiste Zeit für die Suche nach den richtigen Bedeutungen der einzelnen Wörter aufgewendet. Bei der Suche nach den Bedeutungen entstehen dabei schon derart große Vorerwartungen an den inhaltlichen Sinn des Satzes, dass Grammatikkenntnisse selbst bei leistungsstarken Schülern meist nur noch eingesetzt werden, wenn ein reines Aneinanderpuzzlen der bloßen deutschen Bedeutungen keinen plausiblen Sinn ergibt. Interessant ist auch ihre Entdeckung, dass Schüler Wörtern, deren Bedeutungssuche längere Zeit in Anspruch nimmt, auch eine größere Bedeutung für den Sinnzusammenhang zumessen als Wörtern, deren Bedeutung ihnen schnell klar war. Daraus folgt für den Übersetzungsprozess, dass ihnen – ihrem subjektiven Empfinden nach – die schwierigeren »kleinen Wörter« wichtiger vorkommen als das für den Sinn doch viel wichtigere Prädikat oder Subjekt. Wenn Schüler bei mehreren Vokabelbedeutungen eine passende auswählen müssen, richten sie sich in ihrer Entscheidung daher oft danach, dass sie zu den zeitintensiver herausgesuchten Wörtern passen, und überstrapazieren den Bedeutungsrahmen der einzelnen Vokabeln daher in freiem Raten über alle Maßen. Dabei übersetzen sie bisweilen sogar ursprünglich richtig bestimmte Formen am Ende doch wieder in einer anderen Funktion, wenn ihnen ein anderer Satzbau inhaltlich sinnvoller erscheint.

Florian kommt daher zu der Erkenntnis, dass viele Fehler, die letzten Endes als Syntax- oder Formfehler angestrichen werden, ihren Ursprung in schwachen

Vokabelkenntnissen haben. Dass Schüler selbst intuitiv – wenn man sie lässt – versuchen, den Textsinn vor allem über die Vokabelbedeutungen und weniger aus der Syntax zu erschließen, zeigt sich auch aus dem bekannten Phänomen, dass Schüler vor dem Übersetzen häufig die Vokabelbedeutungen Wort für Wort über den Zeilen des Übersetzungstextes notieren. Im Anschluss verwenden sie vor allem diese einmal herausgesuchten Bedeutungen und schlagen nur in großen Problemfällen Wörter ein weiteres Mal nach, um nach einer passenderen Bedeutung zu suchen; und haben sie ein Wort vergessen zu notieren, fehlt es oft auch in der späteren Übersetzung. Dieses Auslassen von Wörtern ist ein deutliches Zeichen dafür, dass sie sich im Übersetzungsprozess weniger mit dem lateinischen Text als mit ihren eigenen handschriftlichen Vokabelsammlungen beschäftigt haben.⁹ Um diese Probleme anzugehen, stellt Florian vielfältige Methoden vor, die sinnvolle Alternativen zum Pauken lateinisch-deutscher Begriffspaare darstellen.

Neue Lernvokabeln werden üblicherweise auf zwei Weisen eingeführt. Sie werden entweder vorentlastend vor dem ersten Auftauchen in Texten eingeführt und gelernt und erst anschließend schriftlich im Satzkontext »wiederentdeckt« und in ihrer Übersetzung angewendet, oder sie werden bei ihrem ersten Auftreten im Text neu erschlossen bzw. nachgeschlagen und erst im Anschluss als Hausaufgabe auswendig gelernt. Beide Möglichkeiten bringen ihre Vor- und Nachteile mit sich und können auch kombiniert werden.

Die Einführung der Vokabeln im gesprochenen Kontext durch Latine Loqui ist vorzugsweise vor dem ersten Auftauchen in der Lektüre vorzunehmen. Sie können lehrerzentriert durch das Vorsprechen und Vorspielen der neuen Vokabeln eingeführt werden oder in deutsch-lateinischen Mischtexten von den Schülern selbst direkt in situativen und syntaktischen Kontexten angewendet werden. Für beide Möglichkeiten sollen im Folgenden Beispiele vorgeschlagen werden.

Zum Ausprobieren: Vorspielen neuer Vokabeln durch den Lehrer
Die Lehrkraft geht die gesamte Vokabelliste durch und führt jede Vokabel in einem sinnvollen Satz ein. Dabei achtet sie darauf, nicht nur die Grundform, sondern auch verschiedene flektierte Formen anzuwenden. Sie blickt sich etwa suchend um und sagt deutlich: »Cupio *sedere*!« Sie geht zu einem Stuhl, setzt sich demonstrativ hin und sagt: »Nunc *sedeo*!« Sie wendet sich an einen Schüler und sagt: »Tu etiam *sedes*!«

Sollten die Personalendungen bereits auf ähnliche Weise eingeübt und angewendet worden sein, kann hier eine Übung eingeschoben werden, in der die Schüler auf die Frage »Quid vos facitis?« mit der Form »Sedemus!« ant-

---
9 Lena Florian: So übersetzen Schüler wirklich, Göttingen 2017, besonders 19–47.

worten. Möchte man derartige Grammatikabfragen und Formbildungen nicht mit Vokabeleinführungen vermischen, kann von Schülerseite auch allein mit Infinitiven gearbeitet werden: »Quid mihi placet? Num ambulare mihi placet?« »Tibi placet *sedere*!«

Bevor zur nächsten Vokabel übergegangen wird, sollten die Schüler nun eine Übersetzung des Wortes vorschlagen, die in jedem Fall der im Schulbuch entsprechen sollte, damit die Verankerung beim anschließenden Auswendiglernen der Vokabeln als Hausaufgabe sinnvoll ablaufen kann. Die Reihenfolge der Lernvokabeln sollte nicht beliebig und auch nicht in der Reihenfolge des Vokabelverzeichnisses vorgenommen werden, sondern einen sinnvoll verknüpften Kontext ergeben, wobei vorangegangene Vokabeln erneut angewendet werden. Ist beispielsweise eine weitere Lernvokabel die Präposition »ante«, so zieht der Lehrer nun den Stuhl vor die Tafel, setzt sich erneut und sagt »Sedeo ante tabulam.«, dann steht er auf, imitiert Spazierbewegungen und erklärt: »Nunc ambulo ante classem.« etc.

Aus den Materialien, die mir ein Lateinkollege freundlicherweise zur Ansicht zur Verfügung gestellt hat, geht hervor, dass dieser sich nicht nur Phrasen zur Einführung neuer Vokabeln vorformuliert, sondern zu jeder neuen Lernvokabel inklusive den kleinen Wörtern auch Wendungen vorbereitet, die er in den folgenden Stunden in passenden Situationen ins Unterrichtsgespräch einstreuen kann. Für wie viele Lektionen er dies auch vollständig durchgeführt hat und welche Lernerfolge und Reaktionen es zu verzeichnen gab, ist mir jedoch leider nicht bekannt.

Zum Ausprobieren: Vokabelpantomime (auch: »Imperia!«)

Ein Kollege berichtete mir von seinen guten Erfahrungen damit, sehr junge Schülerinnen und Schüler zudem für jede neu eingeführte Vokabel eine Geste oder kurze Choreographie entwickeln zu lassen, um sie mit vollem Körpereinsatz die Vokabel erfahren zu lassen. »Ambulare« wird durch angedeutetes Umhergehen ausgedrückt, »apparere« durch das explosionsartige Entfalten des Körpers, unterstützt durch ein leise gesprochenes »Chuuu!« wie bei einer Geistererscheinung. Er ließ seine Lerngruppe über einige Wochen hinweg in einem Abfragespiel mit Imperativformen, das die Gruppe entsprechend als »Imperia!« bezeichnete, in Kleingruppen Wörter in dieser Weise vorspielen, ohne die deutsche Übersetzung zu nennen. Dabei fragte er besonders gern ähnlich klingende Wörter wie »apparete!«, »appropinquate!« und »apportate!« im schnellen Wechsel ab. Eine schriftliche Abfrage der so eingeschliffenen Vokabeln zeigte später, dass durch diese Methodik die Verwechslungsgefahr zumindest dieser Wörter stark vermindert worden war.

Zum Ausprobieren: Bausteingeschichten

Bei der Methode der Bausteingeschichte (z. B. aus Florian 2017, S. 48–50) verfassen die Schülerinnen und Schüler eine deutsch-lateinische Geschichte. Dabei können konkrete Erzählelemente vorgegeben werden; wenn in der aktuellen Einheit z. B. Herkulesmythen behandelt und eine Reihe typischer Eigenschaften dieser Sagen gesammelt worden sind, kann die Aufgabe lauten, dass eine »bisher noch unentdeckte Herkulessage« aufgetaucht sei. Die Aufgabe der Schüler ist es nun, auf Deutsch eine solche Geschichte zu verfassen und dabei eine bestimmte Anzahl der aktuellen Lernvokabeln auf Latein einzustreuen. Die Formen werden unflektiert in ihrer Grundform übernommen. Eine solche Geschichte könnte wie folgt beginnen: »Olim wanderte Herkules durch einen ingens Wald. In seinem Rucksack hatte er wie immer eine Portion panis dabei. Plötzlich cognoscere er ein Geräusch ...«

Durch das Verfassen, aber auch durch das mehrmalige Anhören der Vokabeln in mehreren verschiedenen Kontexten werden die Wörter besser verankert und in der späteren Lektüre leichter wiedererkannt. Einer meiner leistungsschwächsten Nachhilfeschüler fing zudem schon bei der ersten Geschichte damit an, auch andere Vokabeln durch das lateinische Pendant zu ersetzen und sogar auf Kongruenzen zu achten: Als er schon formuliert hatte, dass die Geisterwesen in seiner Geschichte dem Protagonisten »mit großer Cura« einen Rat geben, strich er plötzlich unaufgefordert die Wendung »mit großer Cura« wieder durch und schrieb stattdessen »cum magna cura«. Außerdem ersetzte er – halb aus Freude an der Aufgabe, halb, um Zeit zu schinden – jedes »ist« durch »est«, jedes »du« durch »tu« und jedes »und« durch »et«, wobei beim späteren Vorlesen die Wendung »et zwar« bei ihm für große Erheiterung sorgte. Nachdem er auch die Formulierung »den musst du unbedingt cognoscere« einige Male laut in einer natürlichen Satzbetonung ausgesprochen hatte, blieb diese so oft vergessene Vokabel endlich auch Wochen später langfristig in seinem Kopf.

Konjugationstraining

In jedem Satz gibt es mindestens ein Prädikat, von dem der Textsinn in hohem Maße abhängt. Durch Latine Loqui lassen sich u. a. die Tempuszeichen in situativen Kontexten nachvollziehen und üben, indem Schüler sich beispielsweise anhand von bebilderten Vokabelhilfen gegenseitig erzählen, was sie selbst im Laufe der letzten Woche zu bestimmten Uhrzeiten getan haben oder im Laufe der nächsten Woche tun werden. Die Lehrkraft steht dabei für fehlende Vokabeln zur Verfügung. Das Imperfekt lässt sich gut auch anhand einer fiktiven Wochenplanübersicht einer römischen Familie erzählen, nach der jedes Familienmitglied an jedem Wochentag für gewöhnlich einer bestimmten Beschäftigung nachging (Schule, Geschäfte, Thermenbesuch, einkaufen, unterhalten mit den Freundinnen, Sport, ...).

Mit Abstand die meiste Aufmerksamkeit verdienen meiner Meinung nach aber die Personalendungen. Allzu oft beobachte ich in meinen Lerngruppen oder bei der Einzelnachhilfe, wie die Bedeutung der Endungen nicht spontan »gewusst« wird, sondern mühsam an den Fingern abgezählt. Das hörbar gemurmelte »ich, du, er, sie, es ... ihr ... äh ... wir ... nochmal ...« lässt schon erahnen, welche Fehlerquelle sich in dieser Methodik des tabellarischen Abzählens deutscher Pronomina verbirgt. Da die Aktivendungen in allen Zeiten außer Perfekt ja immer dieselben sind, leistet eine sichere Einübung gerade dieser sieben Endungen -o/-m, -s, -t, -mus, -tis, -nt für die Lektüre Dienste von unschätzbarem Wert.

In Kleingruppen von drei Personen lassen sich alle diese Endungen in einem sinnvollen situativen Kontext anwenden. Wie bei freien Kommunikationsübungen wird auch hier stets ein sachbezogener Gesprächsanlass gegeben mit einer Aufgabenstellung, bei deren Lösung automatisch alle Personalendungen angewendet werden müssen. Auch eine Konjugationsübung darf also bei den Schülerinnen und Schülern nicht den Eindruck erwecken, dass sie zum reinen Selbstzweck durchgeführt wird, indem sinnlose Formen heruntergebetet werden, sondern sie sollte im Kontext einer interessanten und herausfordernden Aufgabe stattfinden.

Zum Ausprobieren: *esse*

Eine Übung zu den Präsensformen von »esse« findet sich in Bethlehem 2015, S. 10–12. Hier wird dazu angeleitet, wie sich Schüler in Kleingruppen gegenseitig vorstellen, indem sie beispielsweise sagen: »Marcus sum! Quis es?«

Problematisch empfinde ich dabei, dass Bethlehem in dieser Methode in vollem Bewusstsein »unlateinische« Gesprächsphrasen einüben lässt. Die überlieferten Formulierungen bei Vorstellungsdialogen wie »Mihi nomen est ...« lehnt sie aus didaktischen Gründen ab, da sie ein »zugestanden würdevolles, aber steifes Antikebild« vermittle und die Formen von »esse« weit unkomplizierter seien.

Da jedoch, wie oben ausgeführt, auch das Vermitteln kulturspezifischer und auch stilistischer Besonderheiten zu den Zielen jedes Fremdsprachenunterrichts gehört, sollte mit Vorsicht und im Einzelfall entschieden werden, ob tatsächlich zugunsten der Einfachheit fehlerhaftes Latein vermittelt werden sollte. Es steht dabei natürlich jeder Lehrkraft frei, zur didaktischen Reduktion dem einen oder anderen Ende der Waagschale mehr Gewicht beizumessen und die Übung entweder zu übernehmen oder sie entsprechend anzupassen.

Zum Ausprobieren: Gemeinsamkeiten finden

Die folgende Übung orientiert sich an einem Spiel, das eine Kollegin im Rahmen einer Fortbildung kennengelernt hat. Alle Schüler füllen zunächst einen Bogen mit Informationen zu ihrer eigenen Person oder ihrer Familie aus. Anschließend bewegen sie sich frei im Raum und stellen ihren Mitschülern Fragen. Dabei versuchen sie, Gemeinsamkeiten in ihren Angaben zu finden und Paare zu bilden. Die Modifizierung zu einer Konjugationsübung besteht darin, dass die Fragen jeweils mit anderen Personalendungen formuliert werden müssen, um die benötigten Informationen zum Lösen der Aufgabe zu erhalten. Hierbei kann mit verschiedenfarbigen Tandembögen gearbeitet werden, damit jeweils ein Schüler die richtige Lösung zur Kontrolle vor Augen hat und den Mitschüler ggf. berichtigen kann.

Material: Verschiedenfarbige Tandembögen A und B

A	B
I) Qui liber tibi (placere)? _____ – Mihi liber »…« placet!	I) Qui liber tibi placet? _____ – Mihi liber »…« (placere)!
II) Quam cenam tu (amare)? _____ – »…« amo.	II) Quam cenam tu amas? _____ – »…« (amare).
III) Quot filii atque filiae (esse)? _____ – (unus/a, duo/duae, tres, quattuor, quinque, sex, septem) filius/filii atque filia/filiae sum/sumus.	III) Quot filii atque filiae estis? _____ – (unus/a, duo/duae, tres, quattuor, quinque, sex, septem) filius/filii atque filia/filiae (esse).
IV) Ubi (habitare)? _____ – In vico/oppido »…« habitamus.	IV) Ubi habitatis? _____ – In vico/oppido »…« (habitare).
V) Quae bestiae tibi (placere)? _____ »…« mihi (placere).	V) Quae bestiae tibi placent? _____ »…« mihi placent.
similitudines: differentiae:	similitudines: differentiae:

Schritt 1: Die Schülerinnen und Schüler erhalten jeweils einen Tandembogen. Die Lehrkraft geht mit der Lerngruppe einzeln die Fragen inhaltlich durch und lässt sie ins Deutsche übersetzen. Die Schüler dürfen sich dabei Vokabelhilfen auf den Bögen notieren oder Illustrationen zur Gedächtnisstütze über die Wörter malen. Im Anschluss füllen alle Schüler einzeln den Bogen für sich aus.

Schritt 2: Die Schülerinnen und Schüler bewegen sich frei im Raum und sprechen dabei Gesprächspartner mit der jeweils anderen Tandembogenfarbe an. Es beginnt jeweils der Schüler, auf dessen Bogen das Verb in Klammern steht, mit der Frage. Der andere Schüler überprüft auf seinem Lösungsbogen, ob die richtige Form gebildet worden ist und korrigiert sie gegebenenfalls. Anschließend beantwortet er die Frage, wobei hier der erste Schüler die Formrichtigkeit überprüfen kann, und stellt die Gegenfrage. Stimmen die Antworten überein, dürfen beide Schüler einen Strich bei »similitudines« setzen. Unterscheiden sich die Antworten, gibt es eine neue »differentia«.

Schritt 3: Nach einer gewissen Zeit wird im Plenum ausgewertet, wer in der Zeit die meisten »similitudines« sammeln konnte und wer durch eine besonders hohe Anzahl von »differentiae« den größten Seltenheitswert besitzt.

Deklinationstraining

Während beim Übersetzen der Fokus der Schüler in der Praxis vor allem auf die Wortbedeutung gelegt wird und der Blick auf die Kasusendungen vor allem der Bestätigung des so erschlossenen Sinns dient, müssen beim Sprechen die Kasusendungen selbst gebildet werden. Das aktive Flektieren ist zunächst zweifelsohne schwieriger als das bloße Wiedererkennen von Formen. Doch schon in den einfachsten Sätzen wird den Schülern der Sinn dieser Übungen deutlich: Wer verstanden werden will, will sich auch in einer eindeutigen Weise ausdrücken können.

Als erste Sätze bieten sich zunächst Gefüge aus Subjekt, einer Form von »esse« und einem Adjektiv im Nominativ an: »Puella laeta est.« – »Equi citi sunt.« Inwieweit hier schon im ersten Einführungsschritt verschiedene Deklinationen gemischt werden sollten, ist umstritten, wie sich auch an den verschiedenen Entscheidungen in dieser Frage bei der Konzeption der ersten Lektionen von Lehrwerken zeigt. Ich selbst habe gute Erfahrungen damit gemacht, bei den Adjektiven mit einer Vokabelauswahl allein aus der a- und o-Deklination zu beginnen, während unter den Substantiven bereits von Anfang an Vokabeln aus a-, o- und konsonantischer Deklination vorkommen. So kann einerseits einer zu großen Fehlerzahl durch verwirrend viele Formen vorgebeugt werden, andererseits kann bereits von Anfang an dem Fehlschluss vorgebeugt werden, dass Kongruenzen sich immer reimen müssen.

Nachdem anhand verschiedener Sprechanlässe und Aufgaben die Nominative im Singular und Plural sicher geübt worden sind, sollten recht schnell Formen des Akkusativs mit aufgenommen werden. Gerade erzählende Übungen wie z. B. Bildergeschichten, in denen Personen mit anderen Personen und ihrer Umwelt interagieren, lassen Akkusativobjekte in situativen Kontexten erfahrbar machen.

Viele Übungen zur Grammatikeinführung und damit auch zur Einführung und Übung aller Kasus finden sich, inklusive Material und Kopiervorlagen zu den einzelnen Übungen, in Bethlehem 2015, S. 19–62.

Zum Ausprobieren: Kofferpacken

Ein Spiel, mit dem der Akkusativ geübt wird, ist das »Kofferpacken«; diese Übung dient zugleich auch dem Vokabeltraining oder kann bei einer Lehrkraft vom Typ des *Thesaurus* das Schülerbedürfnis befriedigen, neulateinische und lustige Vokabeln kennenzulernen. Die Spielregeln folgen denen des bekannten Spiels »Ich packe meinen Koffer und nehme mit ...«: Ein Spieler macht den Anfang und nennt einen Gegenstand, den er mitnimmt. Der nächste Spieler wiederholt den Satz und ergänzt einen weiteren Gegenstand. Im Laufe der Runde kommen so immer mehr Gegenstände hinzu, die sämtlich wiederholt werden müssen. Wer sich nicht an alle Gegenstände oder Formen erinnert, scheidet aus dem Spiel aus. Sieger ist, wer als Letzter die komplette Wortreihe wiederholen kann.

Zwar kann das Spiel auch rein sprachlich und ohne visuelle Unterstützung gespielt werden, doch Latine Loqui soll meiner Ansicht nach immer auch dazu beitragen, dass die lateinische Sprache stärker mit der Welt verbunden wird und ein deutlicher Schülerbezug besteht. Eine Deklinationsübung, bei der die Bedeutungen der Vokabeln unbeachtet bleiben können, solange nur die richtige Lautkombination wiederholt wird, erfüllt diesen Anspruch nicht.

Schritt 1: Für die Durchführung als Latine-Loqui-Übung sammelt die Gruppe daher zunächst eine Auswahl an Gegenständen, deren lateinische Bezeichnung und Bildung der Akkusativform im Singular und ggf. Plural vorentlastend gemeinsam geklärt wird. Diese können real aus dem Inventar aus den Federmappen und dem Klassenraum bestehen, z. B. »stilus, Akk. stilum – Stift«, »spongia, Akk. spongiam – Schwamm«, »liber, Akk. librum – Buch«, »fibula, Akk. fibulam – Spange«. Hier ist die Auswahl an wirklich lektürerelevanten Gegenständen jedoch begrenzt. Das Heraussuchen selten belegter Vokabeln für Haushaltsgegenstände oder Versuche, moderne Begriffe ins Lateinische zu übersetzen, können manchen Lerngruppen zwar Freude bereiten, sind jedoch erstens sehr aufwendig und zweitens mit Blick auf die Lernziele im Lateinunterricht selten zielführend.

Gute Erfahrungen habe ich dagegen mit laminierten Bildkarten von häufigen Vokabeln gemacht, die sich für gewöhnlich nicht im Klassenraum finden lassen und die in meinen Workshops zur vielfältigen Anwendung kommen: ein Bild von einem Schwert, einem Helm, einem Pferd, einem Hund, einem Blitz, einem Tempelgebäude, einem Baum u. v. m. Jeder Kursteilnehmer erhält zwei bis drei solcher optisch/haptisch erfahrbarer Gegenstände. Ist die Lerngruppe sehr groß, können auch zwei Kreise gebildet und Gegenstände an die jeweiligen Gruppen mehrfach vergeben werden.

Schritt 2: Die Gruppe schiebt die Tische an die Seite und sitzt in einem Stuhlkreis, die Mitte ist frei. Die Lehrkraft führt den Satz ein: »In pera mea/in sacco meo pono …« und ergänzt einen Akkusativ, z. B. »librum«. Zugleich hält sie ein Buch bzw. die Bildkarte eines Buches hoch und legt sie demonstrativ in die Mitte des Raumes. Sie fordert einen Schüler neben sich auf, nach den bekannten Regeln fortzufahren.

Schritt 3: Die Schüler führen die Redekette selbständig fort. Um sich an die Wörter zu erinnern, orientieren sie sich an den Gegenständen oder Bildkarten in ihrer Mitte. So werden die Begriffe über verschiedene Sinne erfasst und sicherer verankert. Die Vokabel, die Akkusativform und die Reihenfolge der aufgezählten Wörter müssen sie selbst ins Gedächtnis rufen bzw. die Form neu bilden. Sieger ist, wer als Letzter die gesamte Wortkette fehlerfrei aufsagen kann.

Alternative 1: Eine weitere Möglichkeit ist es, vorab als Hausaufgabe die Substantive der letzten zwei, drei Lektionen lernen zu lassen, die dann im Spiel gewusst werden müssen. Bei dieser Variante kann auf das unterstützende Bildmaterial verzichtet werden.

Alternative 2: Dieses Spiel kann in einem weiteren Schritt zu einer AcI-Übung weitergeführt werden, indem die Spieler nicht in der ersten Person wiederholen »In pera mea pono …«, sondern Bezug auf ihren Vorgänger nehmen, ehe sie in einem neuen Satz ihr eigenes Additum nennen, z. B.: »Alexander dixit se in pera ponere librum, stilum, spongeam. Ego in pera pono fibulam …« Ein Leiter einer Latine-Loqui-AG mit verschiedenen Altersstufen berichtete mir von einem großen Erfolg dieser so modifizierten Übung.

Spezielle lateinische Phänomene

Manche Phänomene gibt es nicht im Deutschen, sondern nur in der lateinischen Sprache. Bei ihrer Übersetzung müssen Umformungen vorgenommen werden; bei der Übersetzung eines AcI wird ein Nebensatz mit der Konjunktion »dass« gebildet, wobei der Infinitiv zum Prädikat und der Akkusativ zum Subjekt des deutschen Nebensatzes wird; ein PC kann mit einem Relativsatz oder anderen Nebensatzarten übersetzt werden; auch ein Ablativus Absolutus wird zu einem deutschen Nebensatz aufgelöst; Gerundivformen mit »esse« werden mit »muss« bzw. in ihrer Verneinung mit »darf nicht« übersetzt, wobei der Dativus Auctoris zum Subjekt des deutschen Satzes wird. All dies sind kognitive Leistungen, in denen gewissermaßen »Kochrezepte« auswendig gelernt und im Übersetzungsprozess angewendet werden.

In Latine-Loqui-Übungen können all diese Phänomene ganz ohne Übersetzung in der lateinischen Sprache nachvollzogen und nachgeahmt werden. Zum Erstellen einer korrekten Übersetzung, die eine bewertbare Leistungsabfrage darstellt, tragen die so aktivsprachlich gewonnenen Erkenntnisse nur indirekt bei und können Übersetzungsübungen keinesfalls ersetzen. Sie helfen allerdings, die Phänomene leichter zu erkennen und den Sinn eines Satzes nicht *mithilfe,* sondern schon *vor* der Übertragung ins Deutsche zu begreifen.

AcI

Eine Übung zum AcI wurde bereits als Erweiterung des Kofferpackspiels auf S. 57 f. vorgeschlagen. Auch bei Bethlehem 2015, S. 63–70, findet sich eine Übung zum AcI. Im Folgenden wird ein weiteres Spiel vorgestellt, mit dem der AcI in Kleingruppen oder im Plenum eingeübt werden kann.

Zum Ausprobieren: *verum an falsum?*

Diese Übung zum AcI wurde aus einem Spiel entwickelt, das eine Kollegin zu Beginn einer Fortbildung als Kennenlernübung ausprobieren durfte, und hatte ursprünglich keinen Bezug zum Spracherwerb. Sie lässt sich einsetzen, wenn der AcI bereits in deutscher Sprache eingeführt, im Unterrichtsgespräch theoretisch bewusst gemacht und einige Male in Einzelarbeit und im Plenum geübt worden ist. In der Übung wird er in einem spielerischen Kontext aktiv angewendet, indem kurze lateinische Aussagesätze aus der Ich-Form in die indirekte Form eines AcI umgewandelt werden. Es ist erforderlich, dass den Schülern deklinierbare, d. h. ggf. latinisierte Namen zugeordnet sind, da sie selbst Bestandteil des AcI sein werden.

Schritt 1: Zunächst notiert jeder Schüler in Ich-Form drei kurze Sätze über Dinge, die er gerne oder nicht so gern macht. Die Struktur der Sätze orientiert sich an den Beispielsätzen »Libenter coquo«, »Libenter libros lego«, »Non libenter epistulas scribo«. Zwei der notierten Aussagen sind jeweils richtig, eine ist falsch. Im späteren Verlauf sollen die Mitschüler erraten, welche Aussage nicht zutrifft. Dies sollte den Schülern gleich zu Anfang mitgeteilt werden, damit sie darauf achten, sich nicht schon vorher ihrem Sitznachbarn gegenüber über den Wahrheitsgehalt ihrer Aussagen »zu verplappern«, und damit sie auch etwas über sich erzählen, was nicht jedem Mitschüler auf Anhieb klar sein dürfte. Der Spielkontext und die Herausforderung eines Ratespiels wirkt zudem motivierender, variationsreiche Sätze zu bilden, als ein davon zunächst losgelöster Arbeitsauftrag, in Einzelarbeit drei Sätze auf Latein zu formulieren, ohne die des Nachbarn zu übernehmen.

Es empfiehlt sich, der Lerngruppe eine Übersicht über mögliche Wendungen bzw. nützliche Vokabeln sowie ein bis zwei ausformulierte Beispielsätze an die Hand zu geben. Diese sollte bebildert und einsprachig lateinisch formuliert sein und kann Vokabeln enthalten wie »currere, curro«, »coquere, coquo«, »pingere, pingo«, »texere, texo«, »saltare, salto«, »libros legere, libros lego«, »tesseris ludere, tesseris ludo«, »ambulare, ambulo«, »natare, nato«, »canes/feles/equos/bestias amare, amo«, »equitare, equito«, »per imbrem ambulare, per imbrem ambulo« u. a. Aus der Übung wird den Schülerinnen und Schülern also ganz nebenbei und sachbezogen erneut deutlich, wofür die zweite Stammform in den Vokabellisten steht. Neben den Verben können neben »libenter« weitere adverbiale Bestimmungen wie »cottidie«, »numquam«, »saepe« u. a. angegeben werden. Die Beispielsätze sind in der ersten Person Sg. formuliert, also z. B.: »Cottidie ambulo.«, »Libenter tesseris ludo.« oder »Feles amo.« Während der Schreibphase kann die Lehrkraft bereits umhergehen und unsichere Schüler beim Formulieren unterstützen; es wird aber auch später noch weitere Gelegenheiten zur Korrektur geben.

Schritt 2: Nun folgt die zweite Phase des Spiels, das auf verschiedene Weise ablaufen kann. Entweder setzen sich die Schüler nun in Kleingruppen von drei bis vier Schülern zusammen, wobei bei sehr unsicheren Lerngruppen auch eine Pair-Phase zwischengeschaltet werden kann. Alternativ kann bei kleineren Lerngruppen auch gleich im Plenum eine Redekette in der Reihenfolge der Sitzordnung gebildet werden.

Ein Schüler trägt nun seine drei Aussagen langsam und deutlich vor. Sein rechter Sitznachbar wiederholt – wieder anhand eines analogen Beispiels auf der Handreichung – dessen Aussage in Form eines AcI: »Libenter coquo.« – »Anna dixit se libenter coquere.« bzw. »Audio Annam libenter coquere.« Nachdem alle drei Aussagen genannt und wiederholt worden sind, versuchen die Mitschüler sich darauf zu einigen, welche der Aussagen falsch ist: »Non puto/credo Annam libenter coquere!« Stärkere Lerngruppen können die Aussage auch zurück in einen Hauptsatz formulieren und die dritte Person Singular bilden: »Falsum est! Anna non libenter coquit!« Der betreffende Schüler klärt schließlich darüber auf, ob die vorgeschlagene Lösung richtig ist.

Alternative: In einer Kleingruppe von drei bis vier Schülern sollte die Freude daran, etwas Neues voneinander zu erfahren und die anderen durch »Bluffen« hinters Licht zu führen, als sachbezogener Anreiz zum Sprechen ausreichen. Im Plenum kann ein Wettbewerb inszeniert werden, indem die Fensterseite gegen die Wandseite spielt und die Seite gewinnt, der die meisten Lügen geglaubt wurden. In diesem Fall empfiehlt es sich, statt drei Sätzen nur zwei, also einen wahren und einen falschen, vorzutragen.

Hic/iste/ille

Die Vokabeln »hic, haec, hoc«, »iste, ista, istud« und »ille, illa, illud« bereiten bei der Übersetzung wenig Probleme. »Hic« heißt »dieser«, »iste« wird mit »der da« oder »dieser da« wiedergegeben, wobei das falsche Gerücht kursiert, es habe meist einen negativen Beigeschmack, und »ille« bedeutet ganz altertümlich »jener«. Was genau die inhaltliche Unterscheidung ist, weswegen hier so genau auf eine korrekte Wiedergabe geachtet wird, dass bisweilen sogar Fehler für ihre Verwechslung gegeben werden, ist selbst gestandenen Lateinern nicht immer klar (vgl. oben S. 20 f.): »hic« bezieht sich auf Gegenstände in Greifweite des Sprechers selbst, »iste« auf die des Angesprochenen und »ille« bezeichnet alles, was weder der Sprecher noch der Angesprochene erreichen kann; gewissermaßen die Reichweite der dritten Person. Die folgende Übung lässt die Unterscheidung erfahrbar machen und hilft dabei, bei späteren Übersetzungen Verwechslungen bei der Wiedergabe zu vermeiden.

Material: Gegenstände, deren lateinische Benennung geklärt wird (z. B. »lagoena – Flasche«, »spongia – Schwamm«, »stilus – Stift« oder Bildkarten mit Lernvokabeln)
Schritt 1: Die Lehrkraft erklärt die Spielregeln und den unten geschilderten Ablauf und lässt die Lerngruppe die benötigten Wendungen im Chor sprechen, bis sie sicher beherrscht werden.
Schritt 2: Jeder Schüler erhält einen Gegenstand oder eine Bildkarte.
Schritt 3: Die Schüler stellen sich in einer Redekette quer durch den Raum Fragen nach dem immer gleichen Schema. Zuerst verweisen sie auf ihren eigenen Gegenstand, dann auf den des Gesprächspartners, mit dem sie Blickkontakt halten und auf den sie mit einer Geste verweisen. Als drittes zeigen sie mit der Hand auf den nächsten Mitschüler – halten dabei aber fest den Blickkontakt mit dem Vorredner.
A) (Die Lehrkraft beginnt mit der verkürzten ersten Runde, da sie sich auf keinen Vorredner beziehen kann und damit die Schüler gleich mit dem Dreierschema beginnen können) »Haec est lagoena.« (wendet sich an einen Schüler) »Quid est istud?«
B) (Hält Blickkontakt mit A, zeigt auf den Gegenstand in der eigenen Hand) »Hic est stilus.« (zeigt auf den Gegenstand des Vorredners A) »Ista est

lagoena.« (hält weiter Blickkontakt mit Vorredner A, weist auf den Gegenstand von C) »Quid est illud?«

C) (Nimmt Blickkontakt mit B auf, zeigt auf den Gegenstand in der eigenen Hand) »Haec est spongia.« (zeigt auf den Gegenstand des Vorredners B) »Iste est stilus.« (hält weiter Blickkontakt mit Vorredner B, weist auf den Gegenstand von D) »Quid est illud?«

Etc. etc.

Bei der Arbeit mit Bildkarten dient diese Übung außerdem der Wortschatzarbeit. Sollte die Lerngruppe besonders motiviert in Wettbewerbssituationen sein, kann die Klasse in zwei Gruppen, z. B. »Fensterseite« und »Wandseite« unterteilt werden. Bei jedem Fehler wird ein Strich an der Tafel notiert. Die Gruppe mit den wenigsten Fehlern gewinnt am Ende.

Zusammenfassung
- Latine Loqui dient im Wesentlichen den beiden Zielen »Kommunikationsübung« und »Grammatikübung«.
- Diese Ziele können im Einzelnen sehr unterschiedlich erreicht werden. Hierfür stehen unterschiedliche Methoden oder Lernspiele zur Verfügung, die jeweils angepasst werden können.
- Übungen können der kognitiven Bewusstmachung, der Einübung durch Nachahmung oder auch der Verinnerlichung durch Einschleifung dienen.
- Jede Übung sollte einem sachbezogenen Ziel dienen, das durch die Anwendung der lateinischen Sprache erreicht werden kann.
- Das Sprechen ist dabei immer nur Mittel zum Zweck; die Aufgabe oder Sache steht für die Schülerinnen und Schüler immer im Vordergrund.

Exkurs: Latine Loqui bei der Arbeit mit lese-rechtschreib-schwachen Schülerinnen und Schülern

Besonders interessant sind die Lernerfolge durch Latine Loqui speziell bei der Arbeit mit lese-rechtschreib-schwachen Schülern. Einer meiner Nachhilfeschüler hatte dermaßen große Probleme beim Lesen, dass es zum Verzweifeln war. Noch nie hatte ich einen Schüler aufgegeben. Doch was hilft es, wenn jemand nach monatelanger intensiver Einzelnachhilfe zwar jede mündlich vorgesprochene Verbform problemlos bestimmen und übersetzen kann, er aber beim Blick auf den Text selbst bei Schriftgröße 14 darüber klagt, dass ihm die Buchstaben vor Augen verschwimmen und er keines der Wörter korrekt vorzulesen vermag? In der Drucksituation einer Klausur fiel ihm das Lesen außerdem besonders schwer, und so setzten sich seine Klassenarbeiten stets aus einem zumindest passablen Ergebnis im Grammatikteil und einer klaren 6 im Übersetzungsteil zusammen. Der Junge beteuerte, dass er sich in seiner Klasse sehr wohl fühlte, und auch zur Lehrkraft bestand ein nachweislich gutes Verhältnis. An der Schraube »Lernatmosphäre« oder »Angst vorm Lehrer« gab es also auch nichts zu drehen. Dem Jungen fiel wirklich allein das Entziffern schriftlicher Texte schwer.

Als der Schüler auch nach einem halben Jahr Nachhilfeunterricht in einem schriftlichen Text ein »statim« nicht von einem »statuerunt« unterscheiden konnte, musste ich eingestehen, dass meine Grenzen des Unterrichtens erreicht waren. Im Gespräch mit den Eltern überlegten wir gemeinsam, ob es noch andere, bislang ungenutzte Möglichkeiten gab, um ihn von seiner festgefahrenen 5 in schriftlichen Leistungskontrollen herunterzubewegen. Dabei erzählte ich von meinen Erfahrungen mit Latine Loqui. Wir beschlossen, dass wir fortan mit dieser ungewöhnlichen Methode arbeiten wollten – denn auch, wenn es nichts nützte, so konnte es in dieser Situation zumindest nicht mehr schaden …

Wir gingen also mit niedrigen Erwartungen, aber großer Freude ans Werk. Auf schriftliche Elemente verzichteten wir im Laufe der nächsten Wochen völlig. Statt Vokabeln auf Karteikarten zu notieren und die deutsche Bedeutung danebenzuschreiben, verknüpften wir die Bildkarten eines Kartenspiels allein mit der jeweiligen lateinischen Bedeutung: Ein Stern bedeutete »clarus, clara, clarum«, ein Vogel Strauß »currere« und ein Ritter »pugna«. Zu Beginn jeder

Stunde blätterten wir so einen Kartenstapel durch und wiederholten die lateinischen Wörter, ohne ein einziges deutsches Wort zu sprechen oder gar zu schreiben. Nur gelegentlich fragte ich zur Kontrolle auch die deutsche Bedeutung ab, um sicherzustellen, dass er im Ernstfall »clarus« nicht mit »Stern«, sondern wirklich als das Adjektiv »hell, berühmt« übersetzen würde, doch der Fokus lag auf der reinen Verknüpfung von Bild und gesprochenem lateinischen Wort.

Jeweils zwei inhaltlich passende Vokabeln sollte er außerdem zu einem einfachen Satz verknüpfen wie z. B. »puella est laeta«, »puellae laetae sunt«, »puella currit« oder »puellae currunt«. Anschließend beschrieben wir gemeinsam in lateinischer Sprache Bilder aus dem Schulbuch oder legten den abgebildeten Figuren Worte in den Mund, die sie in ihren jeweiligen Situationen sagen könnten. So formulierte, hörte und wiederholte er einige Wochen lang in immer neuen Kontexten Verbformen im Präsens, Perfekt und Futur mit allen Personalendungen. Was die Kasus anging, beschränkten wir uns auf Nominative und Akkusative der a-, o- und konsonantischen Deklination; unser Ziel war schließlich keine 1–2, sondern zunächst ein erstes »Ausreichend«, wozu aus meiner Perspektive als Nachhilfelehrerin und meiner Erfahrung mit Härtefällen nach die sichere Beherrschung von Personalendungen, Nominativen und Akkusativen meist ausreicht.

Als die nächste Klassenarbeit näher rückte, wagten wir uns erstmals wieder an die Übungstexte, welche die Lehrkraft den Schülern zur Vorbereitung als Hausaufgabe mitgegeben hatte. Und ich staunte nicht schlecht: Die Vokabeln, die wir so mit den Bildkarten gelernt hatten, erkannte er fast allesamt auch in schriftlicher und flektierter Form wieder. Er erkannte Personalendungen und übersetzte sie richtig, und auch die Akkusative auf -m im Singular und auf -s im Plural konnte er meist richtig übersetzen. Diese Klassenarbeit ergab in der Gesamtnote die erste 4 in seiner Lateinlaufbahn. Zwar gab es immer noch massig Fehler, und auch das Neutrum Plural auf -a bereitete ihm immer noch große Probleme. Doch was die Prädikate anging, gab es zumindest keinen einzigen Fehler bei der Übersetzung von Person oder Numerus.

Mir sind die lernpsychologischen Hintergründe von Lese-Rechtschreib-Schwäche leider weitgehend unbekannt und ich habe auch ansonsten noch keinen legasthenischen Schüler im Einzelunterricht begleitet. Aus der geschilderten praktischen Erfahrung schließe ich jedoch, dass es lese-rechtschreib-schwachen Schülern beim Vokabellernen besondere Schwierigkeiten bereitet, die rein schriftliche Kodierung eines lateinischen Begriffs mit der anderen rein schriftlichen Kodierung in der Zielsprache zu verknüpfen. Indem wir anhand der Bildelemente einen visualisierenden Zwischenschritt eingefügt und in häufiger Wiederholung mit der lauten Aussprache der Vokabel verknüpft haben, fiel es ihm jedoch am

Ende leichter, auch die rein schriftliche Form der Vokabel im Übersetzungstext wiederzuerkennen.

Dieser Effekt kann natürlich auch in deutscher Sprache erreicht werden, indem Vokabeln beim Lernen und Abfragen stets laut vorgelesen werden. Doch ohne Latine Loqui werden auf diese Weise nur die Grundformen der Vokabeln in schriftlicher Form leichter wiedererkannt. Hierfür spricht auch, dass der Schüler seiner eigenen Aussage nach die Grundformen der Vokabeln »eigentlich immer leichter« erkennt: Er prägt sich offenbar das Bild eines geschriebenen Wortes ein und erkennt es wieder. Die flektierte Form zeigt dagegen ein anderes Bild, das er nicht so zuverlässig wie andere Schüler ohne Lese-Rechtschreib-Schwäche in seine Einzelbuchstaben zerlegen und im Satzkontext wiedererkennen kann. Indem wir nun nicht nur die Grundform, sondern möglichst viele Flexionsformen laut ausgesprochen und auch selbst gebildet haben, trat offenbar auch in Schriftform ein leichterer Wiedererkennungseffekt ein.

Das Üben der Kasus- und Personalendungen beim aktiven Sprechen führte dagegen zu einem schärferen Blick auf das Wortende. Indem der Schüler die Formen häufig selbst gebildet und dabei mit ihrer Bedeutung verknüpft hatte, nahm er beim Lesen die Wörter nicht mehr als Brei aus verworrenen Einzelbuchstaben wahr, sondern fokussierte sich stärker auf den Anfangsteil, aus dem er die Wortbedeutung entnehmen konnte, und die immer wiederkehrenden Buchstabenkombinationen am Schlussteil, dessen Wichtigkeit ihm erst durch das Latine Loqui wirklich bewusst geworden war. Dieses Vorgehen hatte er zwar kognitiv auch vorher bei Formbildungs- und Formbestimmungsübungen verstanden, aber das mündliche Einüben hatte ihm auf irgendeine Weise geholfen, diese Erkenntnis auch in der Lesepraxis umzusetzen.

Möglicherweise kann die Methode des Latine Loqui daher auch anderen Schülern mit Lese-Rechtschreib-Schwäche beim Lateinlernen helfen. Ich hoffe, dass sich in der Zukunft einmal die Gelegenheit bietet, meine Thesen an einer größeren Probandengruppe lese-rechtschreib-schwacher Lateinlerner systematisch und wissenschaftlich zu überprüfen.

Ohne Scheu losreden!

Erste Sprechversuche in einer neuen Fremdsprache gehen stets stockend vonstatten. Das ist ganz normal. Dennoch frustriert es die Sprecher, und gerade wer als Lateinlehrer vielleicht überhaupt keine Erfahrung im Unterrichten lebendiger Fremdsprachen hat, ist versucht, zu schnell einzugreifen – was den Frust bei den ersten Sprechversuchen wiederum steigern kann. Noch größer ist die Gefahr, dass die Schülerinnen und Schüler und auch die Lehrkraft lieber den bequemen Weg wählen und den Gedanken oder Arbeitsauftrag schnell noch einmal auf Deutsch wiederholen.

Doch beim Latine Loqui geht es gerade darum, sich genau dieser Herausforderung zu stellen, sich auf Latein zu verständigen. In diesem Kapitel werden häufige Schwierigkeiten aufgezeigt und Tipps bereitgestellt, wie beim Latine Loqui ein schnelles Sprechtempo der Lerngruppe und der Lehrkraft sowie nicht zuletzt eine vertrauensvolle Lernatmosphäre und die notwendige Frusttoleranz erzeugt werden können.

Das aktive Lateinsprechen ist zweifelsohne ein ungewohntes Element im Lateinunterricht. Obwohl es in manchen Lehrplänen oder Curricula Erwähnung findet, wird das Thema in den seltensten Fällen in der fachdidaktischen Ausbildung an der Universität oder später im Referendariat behandelt. Bei der Suche nach der passenden Methode für das neue Element liegt es für Lateinlehrer daher nahe, an Bekanntes anzuknüpfen und bewährte Unterrichtsmethoden auf das unbekannte Neue zu übertragen.

Latinisten sind von Natur aus akribisch, ihre Arbeitsweise ist oft perfektionistisch. Viele Lateinlehrkräfte machen sich daher Gedanken darüber, wie sie auch den Schülern die Chance geben können, sich auf das Gesagte bestmöglich vorzubereiten. Häufig kommen sie auf die Idee, es würde den Schülerinnen und Schülern Sicherheit geben und dadurch das Sprechen erleichtern, wenn sie vorab genügend Zeit zur Vorbereitung auf die konkrete Sprechsituation erhalten. So geben manche Lateinlehrerinnen und -lehrer ihrer Klasse Arbeitsblätter mit einfachen, fertig formulierten deutschen Sätzen und erteilen den Arbeitsauftrag, in Einzel- oder Partnerarbeit die richtigen Vokabeln herauszusuchen, die jeweiligen

Kasusformen zu bestimmen und zu bilden oder gar, die Sätze schriftlich fertig zu formulieren. Anschließend sollen diese Übersetzungen dann im Unterrichtsgespräch vorgelesen werden.

Dies ist sicherlich gut gemeint – dabei aber wohl der häufigste Fehler, der gemacht wird. Stunden, in denen Schüler vorgeblich »leichte« Sätze schriftlich ins Lateinische übersetzen sollen, enden nicht selten mit Frust auf beiden Seiten und mit der einvernehmlichen Entscheidung, das Latine Loqui wieder aufzugeben. Von solchen Erfahrungen ist mir sowohl aus Lehrer- als auch aus Schülersicht berichtet worden.

Latine Loqui ≠ Latine Scribere

Daher das (meiner Ansicht nach) Wichtigste zuerst: Latein zu sprechen ist etwas grundlegend anderes als Latein zu schreiben! Wir erinnern uns alle nur zu gut an die lateinischen Stilübungen und Exerzitien in unserem Lateinstudium. Was in den Stilübungen vielen Freude bereitete, war das Entdecken immer neuer und bisweilen sehr entlegener Vokabeln, das vergleichende Suchen nach dem besten Ausdruck in Phraseologien und Grammatiken, das Diskutieren in der Arbeitsgruppe (auf Deutsch, scilicet!) und schließlich das geradezu erleichterte Gefühl, wenn der Dozent den mühsam ertüftelten Satz dann endlich für richtig erklärte – denn egal, wie viel Mühe man hineingesteckt hatte, letzte Zweifel an der Fehlerfreiheit waren doch immer geblieben.

An welchem dieser Arbeitsschritte kann ein durchschnittlich sprachinteressierter Schüler Freude finden und »spezifisch auf die lateinische Sprache bezogene kommunikative Kompetenzen«[10] erwerben? Das Blättern und Entdecken in Vokabelverzeichnissen kann zwar durchaus Interesse an der Vielfalt lateinischer Ausdrücke der Kommunikationssprache Latein wecken und auch Lernfortschritte bewirken. Doch das passive Lesen von Vokabeln ist kein Teil des aktiven Sprachgebrauchs; erst im eigenen Ausdrücken und gegenseitigen Verstehen-Wollen beginnt das eigentliche »Latine Loqui«.

Sollten die Schüler außerdem unterschiedliche Übersetzungsvorschläge für dieselben Sätze anbieten, lässt sich mit Blick auf die folgende Unterrichtsphase schon erahnen: Wenn die Schülerinnen und Schüler selbst erst suchen müssen, ehe sie eine bislang unbekannte oder nicht auf Anhieb gewusste Vokabel finden, dann ist es doch sehr unwahrscheinlich, dass ein Großteil der Klasse die Vokabel beim anschließenden Vorlesen verstehen wird. Auch bei Vokabeln, die eigentlich

---
10 Niedersächsisches Kultusministerium: Kerncurriculum, S. 21.

schon gelernt und passiv rezipierend wiedererkannt werden sollten, ist es daher meist hilfreicher und vor allem zeitsparender, sie der gesamten Lerngruppe erneut vorzugeben, statt sie 25-fach neu heraussuchen zu lassen.

In noch höherem Maße gilt dies für die Formbestimmung und -bildung im Satzkontext. Es kann zwar – gerade für die Lehrkraft – durchaus erhellend sein, in einer deutsch-lateinischen Übersetzungsaufgabe festzustellen, wer die Bedeutung der Flexionstabellen tatsächlich so weit begriffen hat, dass er einen deutschen Satz ins Lateinische übertragen kann. Oft bemerkt man erst bei der Korrektur solcher Aufgaben, inwieweit sogar noch Wortarten verwechselt werden, indem z. B. Personalendungen an Substantivstämme gehängt werden. So sinnvoll solche Aufgaben also auch sein können – mit Latine Loqui haben sie dennoch wenig zu tun.

Hier soll es darum gehen, Latein als Kommunikationssprache anzuwenden. Schüler befinden sich beim Lateinsprechen idealerweise in einer Situation, in der sie sich akut und spontan ausdrücken und vom Gegenüber verstanden werden *wollen*. Wenn der Gesprächspartner den Satz verstanden hat, wird er durch seine Mimik Verstehen äußern und, wenn er z. B. zu etwas aufgefordert oder befragt wurde, entsprechend reagieren oder antworten. Aus dieser Motivation heraus, aus dem Wunsch, verstanden zu werden, sucht ein lateinsprechender Schüler selbst nach der passenden Vokabel und der korrekten Form.

Bei vorgegebenen deutschen Beispielsätzen, die ins Lateinische übertragen werden, ist keines dieser Kriterien erfüllt: Der vorgegebene Satz entspringt nicht den eigenen Gedanken, so dass das selbstmotivierte Bedürfnis, sich auszudrücken, nicht gegeben ist. Hat der Sitznachbar außerdem den gleichen Satz bereits in deutscher Übersetzung vor sich auf dem Tisch liegen, so gibt es keinen Belohnungseffekt, wenn die sprachliche Äußerung korrekt ankommt: Er kennt den Satz ja bereits und wird mit seinem Gesichtsausdruck daher kein erhelltes Verständnis zurückmelden.

Einzelne Schüler werden sich möglicherweise auch von der Aufgabe überfordert fühlen und Ablenkung suchen. Beim Blättern in den Wörterbüchern und Grammatiken findet selbst in der Unterrichtsform der Partnerarbeit durch die Arbeitsteilung eine Vereinzelung und vor allem keinerlei Kommunikation in lateinischer Sprache statt. Von der Idee, zur Vorbereitung auf das Latine Loqui einzelne Sätze schriftlich vorübersetzen und anschließend im Plenum vorlesen zu lassen, rate ich also aus den verschiedenen genannten Gründen dringend ab.

Die Lernatmosphäre

Eine angenehme Lernatmosphäre zu schaffen, ist zweifelsohne für jede Unterrichtsform und jede Methode wichtig. Doch gerade vor den ersten Sprechversuchen ist es hilfreich, die Lerngruppe einige Stunden vorab noch einmal ganz genau zu beobachten. Gibt es Anzeichen dafür, dass sich einzelne Schüler für Fehler ausgelacht fühlen? Herrscht ein Zusammenhalt in der gesamten Klasse, gibt es Gruppenbildungen oder gar Außenseiter? In Lateinkursen lernen oft Schüler aus unterschiedlichen Klassen zusammen, so dass es bisweilen etwas länger dauert, bis sich ein Gemeinschaftsgefühl eingestellt hat. Arbeiten Sitznachbarn gern zusammen oder wäre an einigen Stellen eine andere Sitzordnung für kommunikative Unterrichtsformen besser geeignet? Bei Missständen sollte natürlich im allgemeinen Interesse der Lerngruppe, aber auch im Besonderen zur Vorbereitung des gewagteren Unterrichtselements »Latine Loqui« entgegengearbeitet werden, um unerwarteten Problemen vorzubeugen.

Es kann außerdem sinnvoll sein, einige Stunden vor der Latine-Loqui-Einheit mit der Methode der Wort- oder Redekette zu arbeiten und dabei das Schülerverhalten genau zu beobachten. Kommt jeder zu Wort? Oder rufen vielleicht die Mädchen nur weibliche Mitschülerinnen auf und auch die Jungen bleiben unter sich? In dem Fall kann es (wenn die Gruppenzusammensetzung dies zulässt) schon helfen, die Regel aufzustellen, dass immer abwechselnd ein Junge und ein Mädchen zu Wort kommen sollte. Eine solche Anordnung von Lehrerseite kann aber je nach Alter und Lerngruppe verschieden gut angenommen werden und sollte nur erfolgen, wenn die Klassengemeinschaft nicht auf andere, selbstbestimmtere Weise besser durchmischt werden kann.

Eine Englischlehrerin berichtete mir, dass sie für diese Zwecke vor ersten Kommunikationsübungen gern eine Übung aus der Theaterpädagogik einsetzt: Die Schüler stehen oder sitzen im Kreis und geben, ohne ein Wort zu sprechen, reihum ein Klatschen weiter an den Nachbarn. Wie in einer La-Ola-Welle klatscht dabei stets nur ein einziger Schüler zur gleichen Zeit. Mit der Zeit stellt sich dabei von ganz allein ein jeweils eigener Rhythmus ein, den die gesamte Lerngruppe einhält. Nach einiger Zeit werden die Schüler angewiesen, sich frei im Raum zu verteilen und das Klatschen nun nicht mehr nur an den direkten Nachbarn, sondern an einen beliebigen anderen Mitschüler weiterzugeben. So werden die Schüler konzentriert und aufmerksam dafür, wer als Nächster an der Reihe ist. Der Erfahrung dieser Lehrerin nach wird in den meisten Gruppen zwar zunächst getrennt nach Geschlechtern Kontakt aufgenommen, doch im Laufe der Minuten löst sich ohne jedes gezielte Eingreifen diese Trennung immer mehr auf, so dass am Ende der Übung eine Gemeinschaft entstanden ist, bei der niemand ausgeschlossen wird. Gerade der unaufgefordert gemeinsam entworfene Rhythmus schafft dabei ein verbindendes Element. Erst nach dieser Übung beginnt die Gruppe mit den eigentlichen sprachspezifischen Kommunikationsübungen und kann den verbindenden und aufmerksamkeitssteigernden Effekt aus der Klatschübung weiter nutzen.

Sicherlich passt diese Methode nicht zu jeder Altersgruppe, nicht zu jeder Lerngruppe und auch nicht zu jeder Lehrkraft. Denke ich an meine eigene Schulzeit zurück, so hätte meine frontalunterrichtsgewohnte Klasse einen Lehrer spätestens ab der siebten Klasse wohl für verrückt erklärt, wenn er uns aufgefordert hätte, wortlos ein Klatschen weiterzureichen. Dennoch wäre bei aller anfänglichen Skepsis vermutlich der gleiche Effekt eingetreten: Wir hätten mit der Zeit einen Rhythmus gefunden, der unseren eigenen Vorlieben entspricht, vielleicht Queens »We will rock you« oder etwas von Nirvana, und hätten mit der Zeit alle Mitschüler miteinbezogen – es ist ja nicht nötig, bierernst dabei zu bleiben, solange sich niemand lächerlich oder vorgeführt fühlt. Die positiven Erfahrungen der Kollegin mit dieser Methode zeigen jedenfalls, wie ganz ohne Druck und aus dem eigenen Interesse der Gruppe heraus eine angenehme Lernatmosphäre entstehen kann. So mag sie vielleicht auch den ein oder anderen Leser dazu anregen, eigene Variationen dieser vorbereitenden Kommunikationsübung zu finden.

Da sich Lerngruppen in verschiedenen Lernformen unterschiedlich verhalten und sich die Lernatmosphäre im Lateinunterricht von der im neuen Fremdsprachenunterricht unterscheiden kann, empfiehlt sich auch ein Austausch mit den anderen Fremdsprachenlehrern, die dieselbe Lerngruppe z.B. im Englisch- oder Spanischunterricht kennen. Welche Schülerinnen und Schüler zeigen hier besondere Freude, welche eher Hemmungen beim Sprechen? Wie immersiv ist der Unterricht gestaltet? Gibt es außerdem vielleicht bereits Rituale oder wurden bestimmte Methoden eingeübt, die man nutzen kann?

Selbstwahrnehmung und Fremdwahrnehmung

Bei den Lateinwochen in Amöneburg bemerkte einmal eine Teilnehmerin: »Wenn man in der Tür stehen bleibt und die Leute im Raum einfach mal von außen beim Reden beobachtet, fällt einem erst auf, wie blöd wir dabei eigentlich aussehen … Wir starren und lächeln unentwegt, rudern mit den Armen und sprechen dabei uuunglaublich langsam.« – Nach dieser Bemerkung achtete ich vermehrt darauf und stellte fest: Es stimmt. Verglichen mit einem Gespräch auf Deutsch oder Englisch wirkt die Körpersprache beim Latine Loqui geradezu skurril. Die Augen und Münder weit aufgerissen, wird fast theatralisch und überdeutlich über Witze gelacht, man strahlt und grinst unaufhörlich und malt mit beiden Händen Bilder in die Luft.

Doch all das bemerkten wir erst nach mehreren Jahren. Denn befindet man sich selbst im Gespräch, fällt es einem überhaupt nicht auf. Jede Gestik oder Mimik erfüllt schließlich im Gesprächskontext ihre Funktion: Das Lächeln des Gegenübers wird als Freundlichkeit und Geduld wahrgenommen, wenn man etwas länger nach dem richtigen Wort suchen muss, und ermutigt dazu, den Gedanken trotz aller Sprachhürden zu Ende zu führen. Die Gestik hilft bei der Verständigung, indem das Gesagte untermalt wird. Errät außerdem einer der Gesprächspartner bei dieser Scharade die gesuchte Vokabel zuerst, so hilft er damit ein und wartet dann wieder, bis sie in die richtige Flexionsform gebeugt und erneut laut ausgesprochen wurde – und die Vokabel bleibt danach auch meist im Gedächtnis. Wie viel Zeit dabei wirklich verstreicht, bemerkt man erst mit einem Blick auf die Uhr. Kollegen aus den neuen Fremdsprachen, die ich darauf ansprach, bestätigten mir, dass sich ihnen ein ähnliches Bild darbietet. Als Problem, so beruhigte man mich, sei dies jedoch nie empfunden worden.

Überträgt man diese Beobachtung nun auf die Planung von Latine Loqui in Schülergruppen, zeigt sich aber deutlich, wie wichtig es ist, wirklich alle Schüler einzubeziehen, niemanden außen vor zu lassen und vor allem niemanden in die Situation zu bringen, sich vorgeführt zu fühlen. Das Lateinsprechen soll als gemeinsames Experiment wahrgenommen werden, das herausfordernd ist, jedoch im Einzelnen keinen Druck erzeugt.

Kommunikation – mehr als nur angewandte Grammatik

Latine Loqui ist nicht nur für Schüler ungewohnt. Viele Lateinlehrkräfte empfinden auch selbst eine gewisse Scheu vor dem Lateinsprechen. Vermutlich ist diese Unsicherheit für die meisten Leser der Grund, warum sie dieses Buch überhaupt zur Hand genommen haben. Vielleicht hat sich der ein oder andere schon allein beim Formulieren von Sätzen versucht und ist dabei ins Stocken geraten, weil ihm die richtigen Worte und vor allem die korrekten Flexionsformen nicht schnell genug in den Sinn kommen. Wie soll ein flüssiges Gespräch mit einer Schülergruppe möglich sein, wenn nicht einmal allein vorm Spiegel ein gerader Satz herauskommt?

Es hilft, hier gedanklich einen Schritt zurückzutreten und das Phänomen »Sprache« und »Kommunikation« einmal von einer ganz anderen Warte aus zu betrachten. Wir sind Latinisten, die Sprache Latein kennen wir vor allem in schriftlicher Form. Wenn Cicero mit uns »kommuniziert«, so sieht das so aus:

Wir sitzen an einem Tisch, blicken auf ein aufgeschlagenes Buch und rezipieren gedruckte Buchstaben. Wir lesen. Wir haben keinerlei Möglichkeit zu Rückfragen, wir sehen das Gesicht unseres Kommunikationspartners nicht vor Augen, und so viele Leserreaktionen gerade Cicero auch rhetorisch vorwegnimmt, er reagiert nicht auf unsere eigenen spontanen Reaktionen.

Das sieht in der aktiven Kommunikation natürlich ganz anders aus. Einerseits erwartet (und wünscht!) niemand, von seinem Gesprächspartner ciceronische Perioden entgegengeschmettert zu bekommen. Viel wichtiger ist aber der Unterschied, dass wir unserem Gesprächspartner ins Gesicht sehen und die Hintergründe und situativen Kontexte miteinander teilen. Das korrekte Bilden von Wortformen ist daher zwar ein wichtiger Teil des Latine Loqui, doch längst nicht die einzige Funktionsweise einer gelingenden Kommunikation.

Eine Englischkollegin, die ich nach Tipps zum Sprechen im Unterricht fragen durfte, bereitet ihre Lerngruppen vor den ersten aktiven Kommunikationssituationen in englischer Sprache gerne mit einer Übung aus der Theaterpädagogik auf die Dialogsituationen vor. Sie teilt dafür einen Bogen mit einem Dialog in einer Nonsense-»Sprache« aus und gibt dabei verschiedene Vorgaben zu den Hintergründen der Rollen und der Situation (vgl. die Übung auf S. 77 f.). Diese Regieanweisungen variieren und sind jeweils nur einer Gruppe bekannt. Beim Vortrag des Dialogs sollen die zuschauenden und zuhörenden Mitschüler erkennen, wie sich die Sprecher fühlen, in welchem Verhältnis sie zueinander stehen und worum es in diesem Dialog geht. Auf diese Weise erkennen die Schüler, dass vieles bei der Kommunikation auch ganz ohne sprachliche Mittel geschieht. Die meisten Informationen werden über die Art, wie sich die Gesprächspartner im Raum positionieren, durch Blicke, Mimik und Gestik transportiert. Dies ließe sich bereits bei einer stummen Szene erarbeiten. Doch in den laut ausgesprochenen Nonsense-Dialogen werden darüber hinaus durch die Intonation, die Sprachmelodie und Betonung einzelner Wörter weitere Informationen vermittelt.

Hier geht es einzig um die Erkenntnis, dass Kommunikation viel mehr ist als nur Sprache. So verlieren die Schüler (und auch die Lehrkraft) gemeinsam die Scheu davor, dialogisch vor der Gruppe zu sprechen, und werden ermutigt, auch bei lateinischen Dialogen die Ausdrucksmöglichkeiten von Mimik und Gestik voll auszunutzen. Die Methode wirkt außerdem der Eigenart entgegen, auswendig gelernte oder abgelesene Texte tonlos herunterzuleiern, indem eingeübt wird, Sprache nicht nur zu *sprechen*, sondern sich mit ihrer Hilfe *auszudrücken*.

Ein ähnliches Ziel verfolgt eine Übung, bei der den Schülern ein echter kurzer Dialog an die Hand gegeben wird. In den neuen Fremdsprachen könnte es z. B. darum gehen, dass sich zwei Personen begegnen und für einen Kinobesuch verabreden. Nachdem der Text sprachlich und inhaltlich geklärt worden ist, werden wieder unterschiedliche Regieanweisungen zum immer gleichen Dialog gegeben. Anders als beim Nonsense-Dialog müssen diese natürlich auch inhaltlich zum Text passen. So kann beim Dialog zum Kinobesuch eine der Figuren traurig sein und die andere will sie mit dem Vorschlag aufmuntern. Oder eine Figur versteht den Kinobesuch als Einladung zu einem Date, während die andere Person alle Winke mit dem Zaunpfahl übersieht. Eine andere Gruppe kann die Anweisung erhalten, ein altes Ehepaar zu spielen – ob dies dann eher liebevoll, spleenig oder zänkisch umgesetzt wird, bleibt der Interpretation der Schüler überlassen. Oder man erfährt den Hintergrund, dass eine Figur gerade von ihrer Oma 50 Euro geschenkt bekommen hat, während die andere Person pleite ist und dies zu verbergen versucht. Der Phantasie sind hier keine Grenzen gesetzt. Durch diese Übung stellen die Schülerinnen und Schüler fest, dass der Wortlaut nur eines von mehreren Elementen eines Dialogs ist, über die Sinn transportiert bzw. erschlossen wird.

Viele dieser Anweisungen sind auch bei lateinischen Kurzdialogen mit modernem oder auch historischem Setting möglich. Auf eine antike Szene übertragen könnte man neben Informationen zur Stimmung auch Angaben zum Status der Sprecher vorgeben. Etwa die Aufforderung, jemanden zum Forum zu begleiten, lässt sich trotz gleichem Wortlaut sehr unterschiedlich inszenieren, je nachdem, ob zwei römische Kinder, zwei Händler, zwei Senatoren oder eine Herrin und eine Sklavin miteinander sprechen. Da der Fokus auf der Sprechweise liegt, sollte hier explizit auf den Einsatz von Requisiten verzichtet werden.

Tempo

Obwohl das langsame Sprechtempo den Kommunikationsteilnehmern selbst nicht so sehr auffällt wie einem unbeteiligten Beobachter von außen, kann die Suche nach den richtigen Worten doch für Frust sorgen. Um das schnelle Sprechen zu erleichtern, sollten Satzstrukturen eingeübt werden, die sich leicht wiederholen lassen und mit denen sich bei nur geringen Änderungen oder Ergänzungen verschiedene Aussagen machen lassen. Dies sind zunächst vor allem Infinitivkonstruktionen wie »Mihi placet legere/saltare/coquere/ …« und Präpositionalausdrücke wie »puella magna/parva/callida/stulta/laeta/tristis/fortis/ … est«. In speziellen grammatikzentrierten Übungen werden weitere Satzstrukturen eingeführt, die in den freien Kommunikationsübungen variiert und miteinander kombiniert werden können. Auf diese Weise wächst das Repertoire an Satzbausteinen, mit denen eine schnelle Kommunikation auch in komplexeren Fragestellungen immer leichter gelingt.

Wichtig ist, dass immer neue Situationen erzeugt werden, in denen mit wenigen Vokabeln und Formulierungen viel Kommunikation möglich ist. Gut eignen sich hierfür z. B. Spiele mit immer gleichen Abläufen, die durch den Wettbewerbscharakter spannend sind. Sinnvoll sind auch Bildergeschichten, in denen sich Situationen mit nur leichter Variation verändern und die neugierig auf den weiteren Fortgang machen.

Bezug zum Lehrbuch

Wer versucht, beim Latine Loqui ausschließlich bereits aus dem Lehrbuch bekannte Vokabeln und Phänomene anzuwenden, stößt schnell an seine Grenzen. Die gesprochene Kommunikation lebt von Fragen und Antworten; viele Fragewörter, die im Gespräch benötigt werden, vermittelt das Lehrbuch aber erst in späteren Lektionen. Ein Beispiel ist die Form »cuius«, die in den meisten Lehrwerken erst spät als Teil des Themas »qui, quae, quod« vermittelt wird. Die Genitivformen anderer Deklinationen werden hingegen schon früh eingeführt. Für eine sinnvolle Gesprächsübung zum Genitiv nach dem lebendigen Frage-Antwort-Schema »Wessen Buch ist das? – Es ist Julias Buch. Wessen Taverne ist das? – Es ist die Taverne des Kaufmanns Gaius« ist es nicht nur sinnvoll, sondern geradezu notwendig, hier dem Lehrbuch vorzugreifen und »cuius …?« als »wessen …?« einzuführen.

Dies gilt umso mehr für das Vorgreifen von Vokabular. Erstens werden für manche Gesprächsanlässe bestimmte Vokabeln einfach benötigt, wenn diese z. B. auf Bildern vorkommen oder in rollenspielerischen Szenen oder Dialogen aus dem Kontext heraus wichtig werden. Zweitens helfen sie oft bei der Vermittlung des grammatikalischen Stoffes. Die Unterscheidung von Singular- und Pluralformen, also Kasusendungen und Personalendungen, gelingt leichter, wenn die Lehrkraft etwa bei der Beschreibung einer Szene auf dem Forum betont: »*Unus* servus *currit.* Sed *multi servi* ante tavernam *stant* et *exspectant.*« Die Vokabeln »unus« und »multi« dienen hier einerseits zur Betonung der Singular- und Pluralformen durch eine bloße Verlängerung des Satzes. Andererseits hilft die darin liegende Kontrastierung, die Situationen klarer als Gegenüberstellung von Singular und Plural zu begreifen.

Auch andere Vokabeln lassen sich beim Latine Loqui am besten vermitteln, indem das gegenteilige Wort oder ganze Wortgruppen vorgreifend mit eingeführt und in Kommunikationsübungen angewendet werden: »magnus – parvus«, »citus – tardus«, »ambulare – stare – sedere«, »unus – pauci – multi – cuncti – nulli« etc. werden gerade in ihrer Gegenüberstellung an Satzbeispielen, ggf. unterstützt durch

Tafelbilder, andere Bildmaterialien, szenische Darstellungen oder pantomimische Gesten leichter verstanden, als wenn sie einzeln auftreten. Hieran anknüpfend lassen sich ohne Vorbereitungsaufwand Übungen zur Abfrage erstellen, indem sich die Lehrkraft beispielsweise demonstrativ auf einen Stuhl setzt und fragt: »Quid facit magister? *Stat*ne magister?« Antwort: »Non *stat* magister. Magister *sedet*!« Ein Einführen von Vokabeln in Gegensatzpaaren unterstützt dabei nicht nur den Lernprozess der Schüler, sondern hilft auch der Lehrkraft, bei Umschreibungen neuer Vokabeln auf mehr Ausdrucksmöglichkeiten zurückzugreifen. Dabei muss man dennoch nicht auf den großzügigen Einsatz von Gestik, Mimik und spontan angezeichneten Tafelbildern verzichten.

Bewertungskriterien transparent machen

Wenn eine Lerngruppe erstmals mit Arbeitsaufträgen zum Latine Loqui konfrontiert wird, kann, je nach Altersgruppe, die Frage im Raum stehen, welchen Bezug diese Übungen zum »eigentlichen« Unterricht und damit zur Benotung haben. Um diesen Fragezeichen vorzubeugen, können gerade bei älteren Schülern die Lernziele der Übungen und auch die Kriterien erläutert werden, nach denen sie bewertet werden.

Zusammenfassung
- Beim Latine Loqui ist eine angenehme Lernatmosphäre besonders wichtig.
- Kommunikation ist weit mehr als der bloße Wortlaut der sprachlichen Äußerungen. Diese Erkenntnis kann schon vor dem eigentlichen Latine Loqui mithilfe von Übungen aus der Theaterpädagogik o. Ä. reflektiert und verinnerlicht werden.
- Allgemein sollte dazu ermutigt werden (auch durch das eigene Vorbild), Gestik, Mimik und Intonation unterstützend einzusetzen.
- Bisweilen muss dem Lehrbuch vorgegriffen werden, um Frage-Antwort-Paare oder Vokabelkontrastierungen zu nutzen.
- Sprechen Sie mit Ihren Kolleginnen und Kollegen aus den neuen Fremdsprachen und in den Fächern Deutsch, Musik und Darstellendes Spiel. Sie kennen nicht nur Ihre Lerngruppe von einer anderen Seite; sie können auch viele Tricks und Methoden empfehlen, die Sie beim Latine Loqui nutzen können.

Weitere Methoden und Einzelübungen

In diesem Kapitel werden verschiedene weitere Methoden und Übungen vorgestellt, mit denen Latine Loqui im Lateinunterricht angewendet werden kann. Anhand von Erfahrungsberichten werden verschiedene Tipps und Tricks verraten, damit die Methoden gut gelingen. Viele der hier vorgestellten Methoden wurden aus der Didaktik der neuen Fremdsprachen übernommen oder zumindest von ihnen inspiriert. Bei der Suche nach weiteren Ideen ist es allgemein hilfreich, sich mit den Kolleginnen und Kollegen der neuen Fremdsprachen auszutauschen, die häufig eine Fülle von Kommunikationsübungen kennen und auch aus ihrer eigenen Unterrichtserfahrung berichten können.

Eine Sprache zu sprechen, ist kein Theater. Doch auch im Fachbereich »Darstellendes Spiel« oder bei den Leitern von Rollenspiel- oder Theater-AGs lassen sich einige Ideen abgucken, die gewinnbringend auf den aktivsprachlichen Lateinunterricht übertragen werden können. Insbesondere in den Anfangsübungen können sie die erste Scheu vor dem Sprechen vor der Gruppe nehmen. Sie können aber auch in anderer Weise für unterrichtsinterne Dialoge oder gar Bühnenprojekte von Nutzen sein.

Bei Latine-Loqui-Übungen liegt der Hauptfokus zunächst auf der gelingenden Kommunikation selbst. Diese besteht aus kurzen, einfachen Sätzen, die auch durch Mimik, Gestik und die sprichwörtlichen »Hände und Füße« unterstützt werden können. Um dies zu ermöglichen, sollte die Sitzordnung der jeweiligen Methode angepasst werden. Je mehr vom Körper zu sehen ist, desto leichter ist die Verständigung; doch auch wenn auf Tische als Schreibunterlagen nicht ganz verzichtet werden will, so sollte auf jeden Fall eine kommunikative Sitzordnung gewählt werden, die auch einen Blick auf die Vokabelhilfen an Tafel oder Leinwand ermöglicht. Der Einsatz von Beamer und OHP anstelle von Handouts sorgt dafür, dass die Schüler sich nicht über ihre Zettel beugen. Aufrecht sitzend und die Köpfe erhoben sind sie eher bereit, Blickkontakt mit den Gesprächspartnern aufzunehmen, was die Kommunikation deutlich erleichtert.

Vorentlastung

Kommunikation ist weit mehr als das laute Aufsagen von grammatisch korrekten Sätzen. Die folgenden Methoden verschaffen den Schülern zunächst eine grundlegende Sicherheit beim Sprechen und bauen durch nonverbale Übungen oder Übungen mit wenig Sprechanteil Hemmungen ab, sich später selbst frei vor der Gruppe sprachlich auszudrücken.

Nonsense-Dialoge (s. o.)

In dieser Übung üben die Schülerinnen und Schüler in Kleingruppen oder Paaren eine Miniszene mit jeweils unterschiedlichen Regieanweisungen ein (s. o. S. 72 f.). Als unsinniger Text zur Vorbereitung auf lateinische Sprachübungen bietet sich das einigen Schülerinnen und Schülern vielleicht bereits bekannte pseudolateinische Kauderwelsch des Blindtextes an, mit dem Webdesigner noch freie Textfelder füllen, um schon vor dem Einsetzen der Inhalte zu sehen, wie das Layout der jeweiligen Seite am Ende auf den Nutzer wirken wird. Dieser immer gleiche »Text« ist inspiriert von Ciceros *de finibus bonorum et malorum* 1,10,33 f. Er besteht jedoch aus einzelnen unverständlichen Nonsense-Wörtern, damit der Betrachter nicht vom Inhalt des Platzhaltertextes abgelenkt wird. Sollte der Text zu »kompliziert« sein, kann auch mit den Silben »Nanana«, »hocus pocus fidibus« o. ä. gearbeitet werden.

Mögliche Einordnung in den Lateinunterricht: In den letzten Stunden wurden verschiedene Mythen eingeführt und besprochen. Sind der Lerngruppe noch keine Mythen bekannt, kann der Arbeitsauftrag auch variiert werden, indem auf Filme, Bücher oder Serien angespielt oder eine Szene völlig frei erfunden wird.

Material: Handouts mit den folgenden Nonsense-Dialogen:

---

1)

A: Lorem ipsum dolor sit amet!
B: Consectetur adipisici elit, sed eiusmod tempor incidunt
A: …ut labore et dolore magna aliqua.
B: Ut enim ad minim veniam!
A: Quis nostrud exercitation … ullamco laboris nisi?
B: Ut aliquid ex ea commodi consequat.
A: Quis aute iure reprehenderit?
B: In voluptate velit esse.
A: cillum dolore eu fugiat nulla pariatur.

> 2)
>
> A: Duis autem vel eum iriure dolor
> B: In hendrerit in vulputate velit.
> C: Esse molestie consequat?
> B: Vel illum dolore eu feugiat.
> A: Nulla facilisis at vero eros.
> B: Et accumsan et iusto odio dignissim!
> C: qui blandit praesent luptatum zzril.
> A: Delenit augue duis dolore te feugait.
> C: Nulla facilisi.
> B: Lorem ipsum dolor sit amet …
> A: consectetuer adipiscing elit.

Schritt 1: Die Lehrkraft erteilt der Lerngruppe folgende Arbeitsanweisung: »Erarbeitet in Paaren oder Dreiergruppen eine kurze Szene aus einem Mythos. Ordnet die Nonsense-Texte dabei jeweils einer Figur zu und übt die Szene mit verteilten Rollen ein. Nutzt dabei den Raum, der euch zur Verfügung steht, aber verwendet keine Requisiten. Eure Mitschüler dürfen später erraten, um welche Szene es sich handelt.«

Schritt 2: Die Schülerinnen und Schüler finden in Paaren oder Kleingruppen zusammen, erarbeiten an verschiedenen Orten eine Szene und üben sie ein.

Schritt 3: Nacheinander werden die Szenen im Plenum vorgespielt, wobei die Texte abgelesen oder frei improvisiert werden. Die anderen Schülerinnen und Schüler sehen zu und machen sich Notizen zur vermuteten Thematik und Handlung der Szene, zur Figurenkonstellation und zu den Charakteren und Hintergründen der Figuren.

Schritt 4: Nach jeder Szene erzählen die zuschauenden Schüler, was sie aus der vorgespielten Szene verstanden haben. Die Schauspieler hören zunächst nur zu und geben erst im Anschluss Auskunft darüber, was sie sich selbst bei ihrer Darstellung überlegt haben. Gemeinsam wird geklärt, wie eventuelle Missverständnisse zustande gekommen sind und welche Elemente der Darstellung die Deutung erschwert oder erleichtert haben.

An die Grundzüge dieser Methode kann im Laufe der Zeit auf verschiedene Weise angeknüpft werden. Man könnte beispielsweise zur Vorentlastung von Texten jeder Gruppe drei neue Lernvokabeln nennen, die so in eine kurze Szene eingebettet eingeführt werden (zur Einführung können Videos der Sesamstraßenaußerirdischen gezeigt werden, die neben den Silben »yipyipyipyipyip« nur einzelne Benennungen ihrer neuen Entdeckungen, wie »yipyipyipyip Telefon«, sagen und auf diese Weise versuchen, sich auf der Erde zurechtzufinden).

Je nach Leistungsstand der Gruppe könnte man dabei auch die Vorgabe machen, dass ein Verb in erkennbar sinnvoller Weise in mehreren Personen im Präsens genannt werden soll. Speziell für die Vokabelarbeit wäre auch die Vorgabe möglich, dass alle Formen der Stammformen einzeln genannt werden sollen oder dass bei Substantiven der Singular und der Plural sinnvoll in Szene gesetzt werden. Die zusehenden und zuhörenden Mitschüler erraten dabei die Bedeutung der neuen Vokabel, die sie anschließend im Kontext der Lektüre und später allein beim Vokabellernen wiederholen.

Status-Spiel mit Spielkarten

Bei dieser Kommunikationsübung wird kein Wort gesprochen. Allein durch Körpersprache wie den Gang, die Gestik und Mimik werden Informationen ausgetauscht. Diese Übung sollte nur in Gruppen durchgeführt werden, in denen ein gutes soziales Klima ohne Mobbingverdacht besteht.

Jeder Spieler erhält nach dem Zufallsprinzip verdeckt eine Spielkarte. Die Zahlen 2–10 zeigen einen immer höheren Status der Person an, wobei die 2 sehr gering und die 10 ehrfurchtseinflößend ist. Das As ist der niedrigste Status, den eine Person erhalten kann. Die Karte wird an der Kleidung oder Stirn befestigt oder so in der Hand vor sich gehalten, dass sie für die Mitspieler gut sichtbar ist, dem Träger selbst aber verborgen bleibt. Wichtig ist dabei, dass die Karte nicht seitlich oder am Rücken befestigt, sondern frontal gut sichtbar ist. Die Gruppe geht nun frei im Raum umher und begrüßt jeden, der ihm entgegenkommt, ohne ein Wort zu sprechen, entsprechend dem Status seiner Spielkarte.

Material: Spielkarten im Wert von 2-As; Kreppband zur Befestigung an Kleidung oder Stirn.
Schritt 1: Die Lehrkraft kündigt ein Spiel an und erklärt die Spielregeln auf Deutsch.
Schritt 2: Die Gruppe räumt die Tische und Stühle an die Seite bzw. begibt sich zu einer freien Fläche im Foyer, in der Aula oder auf dem Schulhof. Die Lehrkraft teilt die Spielkarten verdeckt aus, welche von den Schülerinnen und Schülern frontal am Körper befestigt werden.
Schritt 3: Die Schüler bewegen sich frei im Raum und verhalten sich bei jeder Begegnung gemäß dem Status ihres Gegenübers. Die Reaktionen können von tiefen Verbeugungen über respektvolles imaginiertes Hutlüpfen oder Zunicken bis hin zum Augenverdrehen, angedeuteten Ausspucken oder Weglaufen reichen. Dabei erkennen sie nur an der Reaktion der entgegenkommenden Personen, wie ihr eigener Status ist.

Schritt 4: In einer Abschlussbesprechung wird darüber reflektiert, wie viele Informationen allein über Gestik und Mimik transportiert werden, welche Gefühle diese nonverbalen Botschaften ausgelöst haben und ob sie ihren Status anhand dieser Botschaften richtig einschätzen konnten. Wurde möglicherweise ein und dieselbe Reaktion auf den eigenen Status verschieden beurteilt, je nachdem, welchen Kartenwert das Gegenüber selbst aufwies? Wurde z. B. ein verächtlicher Blick von einer 8 als bedeutsamer beurteilt als der einer 3? Davon ausgehend kann darüber diskutiert werden, welche Rolle der Status eines Sprechers, z. B. von Prominenten, Politikern oder Berühmtheiten aus dem Internet, für die Relevanz und Glaubwürdigkeit einer mitgeteilten Botschaft tatsächlich spielt.

Vokabelübungen

Componere lignum (Präpositionen mit Akkusativ)

Das folgende Spiel ist inspiriert durch das Gesellschaftsspiel »Aargh! Tect« aus dem Heidelberger Spieleverlag. In der Originalversion geht es darum, unter Zeitdruck ausschließlich mithilfe vorgegebener Nonsense-Vokabeln in einer pseudosteinzeitlichen Fantasiesprache Anweisungen an eine Spielergruppe zu geben, wie verschiedenfarbige Holzbauklötze zusammengefügt werden müssen. Werden die Anweisungen falsch umgesetzt, schlägt der erklärende Spieler seine Baugruppe mit einer aufblasbaren Gummikeule. Dieses körperliche Element sorgt im Kontext einer Familienfeier oder Party unter Freunden für viel Spaß, sollte aber wohl nicht zuletzt des Lautstärkepegels wegen im Lateinunterricht lieber fortgelassen werden. Das Prinzip, in Kleingruppen eine geringe Zahl fremdsprachlicher Ortsbestimmungen beim Zusammensetzen von Bausteinen einzuüben, lässt sich dagegen gut auf die »echte« lateinische Sprache übertragen.

Bei der Auswahl von Materialien und Vokabeln wurde beim Erstellen dieser Übung darauf geachtet, dass nur Neutra der o-Deklination und ausschließlich Präpositionen mit Akkusativ ausgewählt wurden, so dass hier ein reines Vokabeltraining ohne eigene Flexionsleistung stattfindet. Daher wurde für diese Version auch auf die Verwendung der Präposition »in« verzichtet, die in Kombination mit dem Verb »ponere« zumindest in klassischer Verwendung korrekterweise den Ablativ erfordert; als Versuch, diese Hürde zu umgehen, schlage ich hier als Kompromisslösung die Präposition »super« mit Akkusativ vor. Sollten die Schülerinnen und Schüler jedoch von selbst beginnen, das naheliegende »in« oder auch andere nicht völlig falsche Wendungen zu verwenden, sollte man meiner Ansicht nach nicht korrigierend eingreifen, sondern sie frei sprechen lassen. Natürlich kann die Übung an dieser und anderen Stellen beliebig angepasst und erweitert werden, indem z. B. auch Präpositionen mit dem Ablativ oder andere Deklinationen vorausgesetzt werden.

Material:
- 5 Bauklötze verschiedener, klar unterscheidbarer Formen, z. B. ein rundes, ein längliches, ein dreieckiges, ein flaches und ein gebogenes Stück Holz
- eine größere Anzahl verschiedener Bauplanbilder, die jeweils eine Kombinationen dieser Bausteine zeigen
- je Kleingruppe ein Sichtschirm (z. B. ein stabiler Heftordner)
- je Kleingruppe eine Stoppuhr (z. B. im Handy)
- je Kleingruppe genau zwei Karten mit der Übersicht hilfreicher Präpositionen und Ausdrücke, die entweder in Übersetzung oder besser noch in einfacher Bebilderung angegeben werden:

Pone lignum … (setz/leg/stell das … Holzstück) Tolle lignum …! (entferne das … Holzstück!)	… rotundum (rund) … triangulum (dreieckig) … planum (flach) … longum (lang) … curvum (gebogen)
… super (oben auf …) … sub (unter) … ante (vor) … iuxta (neben) … post (hinter) … per (über … hinweg)	
	Bene! (gut) Male! (schlecht) Noli! (Lass das!)

Schritt 1: Die Lehrkraft kündigt das Spiel an und erklärt auf Deutsch die Spielregeln: Jede Gruppe von 4 Spielern erhält 5 Bausteine, zwei Wortübersichten, eine Stoppuhr sowie mindestens 4 verschiedene Baupläne, die zunächst verdeckt hinter dem Sichtschirm abgelegt werden. Reihum nimmt ein Spieler mit einer Wortübersicht hinter dem Sichtschirm Platz, dreht einen geheimen Bauplan um und startet die Stoppuhr. Allein mit den lateinischen Wendungen erklärt er nun möglichst schnell und präzise, wie sein Bauteam die Bausteine

anzuordnen hat. Auf behelfsmäßige Gesten soll dabei vollständig verzichtet werden, Mimik darf nur Zustimmung oder Ablehnung ausdrücken und wird ansonsten möglichst unterdrückt. Erst nachdem das Werk vollendet steht, legt er den Lösungsplan offen neben das Bauwerk. Das Team prüft gemeinsam, ob die Aufgabe richtig gelöst wurde. Stimmt der Plan mit dem Ergebnis überein, nimmt der nächste Spieler Platz hinter dem Sichtschirm und sieht den nächsten Bauplan ein, den er mit den lateinischen Wendungen beschreibt. War die Lösung falsch, muss der Aufbau anhand einer neuen Karte (die womöglich erst noch eilig vom Lehrerpult abgeholt werden muss) komplett wiederholt werden; die Zeit läuft währenddessen natürlich weiter. Erst wenn jeder Spieler einmal an der Reihe war und vier Bauwerke richtig zusammengesetzt wurden, wird die Uhr gestoppt. Die Gruppe, die am wenigsten Zeit benötigt hat, hat gewonnen.

Schritt 2: Die Schüler bereiten die Gruppentische mit den Sichtschirmen, Baumaterialen und Karten vor.

Schritt 3: Die Schüler spielen das Spiel wie in der Spielanleitung beschrieben. Da sich je drei Spieler eine Wortübersicht teilen müssen, ist angesichts der Wettbewerbssituation unter Zeitdruck die Motivation hoch, die Wendungen schnell auswendig zu lernen und nicht jedes Mal nachsehen zu müssen. Zudem korrigiert nicht nur der Spielleiter falsche Handlungen, indem er die Wendungen wiederholt oder »noli!« bzw. »male!« ruft; auch die bauenden Spieler selbst beginnen erfahrungsgemäß schnell, gar nicht mehr ins Deutsche zu übersetzen, sondern sich ausschließlich mithilfe der fremdsprachlichen Phrasen zu verständigen.

Schritt 4: Am Ende werden die Zeiten der Gruppen verglichen und ggf. die Siegergruppe geehrt.

Hörverständnis

Hörverständnisübungen sind kein Latine Loqui im eigentlichen Sinne, da die Schüler nur passiv rezipieren, ohne sich selbst auszudrücken. Auch wenn die Lehrkraft das Gelesene durch Mimik und Gestik verdeutlicht, dabei aber unverändert abliest und nicht flexibel auf die Reaktionen der Zuhörer eingeht, fehlt das freie, kommunikative Element, so dass die Übungen nicht als aktivsprachliche Elemente gelten können. Dennoch sind Hörverständnisübungen im Unterricht sinnvoll, da ein betonter Vortrag in »Echtzeit« einen anderen Zugang zur Sprache ermöglicht, als es der analytische Blick auf die schriftliche Kodierung von Sprache zulässt. Durch das schnelle Hörtempo werden außerdem viele Vokabeln wiederholt, was den Input und die Umwälzungsfrequenz gegenüber dem langsamen Übersetzen massiv erhöht. Hörverständnisübungen können der Vorentlastung und Unterstützung des Textverständnisses beim Übersetzen dienen, aber auch bei der Erarbeitung von Sachthemen können lateinische Hörverständnisübungen in sinnvoller Weise eingesetzt werden.

Hierbei kann die Lehrkraft in einem freien Vortrag oder durch das langsame Vorlesen eines einfachen Sachtextes Informationen zu einem bestimmten Thema geben. Ein Kollege, der seine zweite Examensarbeit über den Einsatz von Latine Loqui im Lateinunterricht verfasst hat, berichtete mir von seinen guten Erfahrungen mit dieser Methode während seines Referendariats. So las er der Lerngruppe beispielsweise einmal einen selbstverfassten lateinischen Sachtext über den Epikureismus vor und erzählte ein andermal mit einfachen Sätzen den Antigone-Mythos, wobei er das Verständnis durch den starken Einsatz von Mimik und Gestik unterstützte. Die Schüler erhielten den Auftrag, aufmerksam zuzuhören und einen deutschsprachigen Lückentext auszufüllen. Alternativ kann ihnen auch im Anschluss an den Hörauftrag ein Bogen mit Multiple-Choice-Fragen zum Ankreuzen gegeben werden, nach denen verschiedene Aussagen den Kategorien »verum« und »falsum« zugeordnet werden sollen.

Eine solche Übung eignet sich auch zur Vorentlastung vor der Übersetzung eines Lektionstextes oder einer Textpassage in der Lektürephase. Die Lehrkraft spricht entweder frei oder tippt für sich den Text ab und vereinfacht die Satzstruktur. Unbekannte Vokabeln werden durch Synonyme ersetzt oder besser noch ergänzt und intralingual umschrieben: Werden in der Lektion beispielsweise Deponentien neu eingeführt und steht im Text die neue Vokabel »proficisci« im Satzkontext »Plinius ad Vesuvium proficiscitur«, so kann in der Hörverständnisübung der Satz erweitert werden zu: »Plinius ad *Vesuvium proficiscitur. Ad montem, ad vulcanum magnum, proficisctur:* Plinius primum in villa est. Tum villam relinquit, ex villa sua *proficisctur.* Deinde ad vulcanum Vesuvium navigat!« Der Text wird auf diese Weise inhaltlich dahingehend vorentlastet, dass Plinius sich erst in seinem Landhaus befindet, es dann verlässt und sich schließlich dem Vesuv nähert. Die Bedeutung der neuen Vokabel »proficisci – aufbrechen« kann beim anschließenden Übersetzen desselben Kontextes leichter wiedererkannt oder erschlossen und später sicherer gelernt werden.

Bei derartigen frontal unterrichteten Hörverständnisübungen durch intralinguale Verknüpfung muss natürlich besonders gründlich darauf geachtet werden, dass die Klasse tatsächlich noch konzentriert und aufnahmefähig ist und nicht nur staunend mit den Augen den pantomimischen Darstellungen der Lehrkraft folgt. Um dies zu gewährleisten, sollte ein bestimmter Hörauftrag mit einer Aufgabenstellung erfolgen, die im Anschluss besprochen und gesichert wird.

Textverständnis

Das einsprachige Lesen und Verstehen sehr leichter lateinischer Texte ohne den Zwischenschritt oder gar das Ziel, eine Übersetzung ins Deutsche anzufertigen, ist natürlich per se kein Latine Loqui. Die schnelle einsprachige Lektüre löst jedoch ähnliche Lernprozesse aus wie Hörverständnisübungen oder das Zuhören bei den Aussagen lateinischer Dialogpartner: Sprache wird direkt als Kommunikationsmittel wahrgenommen; Vokabeln und Formen werden in verschiedenen syntaktischen und kontextuell sinnvollen Zusammenhängen erfahren und auf diese Weise in hoher Frequenz rezipiert und sicherer verankert, als dies beim naturgemäß selteneren Vorkommen in kurzen Texten der Fall wäre.

Zudem können leicht lesbare Texte besser als Grundlage für aktivsprachliche Textfragen dienen. Solche Text-»Such«-Aufgaben lassen sich bei einer größeren und leichteren Textmenge leichter erstellen und spannender durchführen als bei einem komplizierteren Text von wenigen Zeilen. Bei längeren und vielleicht auch verworreneren Handlungen muss die Stelle erst durch suchendes Querlesen wiederentdeckt werden, um die versteckte Information zu finden. Bei einem kurzen, aber syntaktisch komplizierten Text haben die Schüler zwar in Sekundenschnelle die richtige Lösung vor Augen; die meiste Zeit wird hier aber darauf verwendet, auf das erfragte Wort zu starren und die richtige Formulierung für eine Wortmeldung zu finden, worüber der motivierende Sachbezug in den Hintergrund geraten kann.

Ginge es bloß um die Menge an Informationen oder Handlungselementen, könnte man Textfragen zwar natürlich auch aus deutschen Sach- oder Erzähltexten beantworten lassen, wie es einige Kollegen bereits gerne einsetzen. Textfragen sind allerdings dann erheblich leichter in lateinischer Sprache zu beantworten, wenn die Antworten in einem ebenfalls lateinischen Text fertig gefunden und mit leichter Modifizierung an die Satzstellung der Frage angepasst werden können, als wenn Wendungen aus einem deutschen Text frei ins Lateinische übertragen werden müssen.

Die meisten Schulbuchtexte enthalten von Beginn an längere Sätze, an denen vor allem die Übersetzungskompetenzen und der analytische Blick geschult werden. Die Sinnerschließung erfolgt durch Übersetzung ins Deutsche; ein flüssiges einsprachiges Lesen wird im Lateinunterricht so gut wie nie vorgenommen. Durch dieses Vorgehen kommt man beim Lesen sehr langsam voran. Das bemerken auch die Schüler, die häufig gern eine größere Textmenge in schnellerem Tempo lesen würden und das langsame Übersetzen aus diesem Grund bisweilen als demotivierend empfinden. Selbstverständlich sollte keine Methode aus reinen »Spaßgründen« gewählt oder verworfen werden. Es gibt jedoch zahlreiche klare Vorteile einfacher Texte, die schnell herunterzulesen sind.

Hierzu zählt vor allem der höhere Input an Vokabeln in verschiedenen syntaktischen und situativen Kontexten, die eine sicherere Verankerung nach sich ziehen. Doch auch grammatische Phänomene wie der Abl. Abs., Hortative oder Tempuszeichen werden intuitiver erfasst und später sicherer wiedererkannt, wenn sie sehr häufig in schnell erfassten Sinnkontexten rezipiert worden sind.

Es nützt daher wenig, einen Protagonisten in einer Geschichte nur ein einziges Mal im Imperfekt erzählen zu lassen, was er am gestrigen Tage erlebt hat, und dann gleich den nächsten komplizierten und anders aufgebauten Satz folgen zu lassen. Stattdessen kann man zunächst über eine längere Textpassage hinweg eine größere Anzahl von Sätzen mit »heri« und »nuper« einleiten und die Figur auf diese Weise verschiedene Tätigkeiten im Imperfekt aufzählen lassen. Die Satzstruktur wird dabei kaum verändert, so dass die Leser die Erkenntnisse der einmal nachvollzogenen Satzstruktur gleich auf die folgenden Sätze übertragen und sich ohne neue analytische Denkleistung auf das inhaltlich wie grammatisch Wesentliche, nämlich die Tätigkeit der Figur in der Vergangenheit und das Tempuszeichen »-ba-« oder »-eba-«, konzentrieren können.

Textmaterialien dieser Art können selbst verfasst werden, was allerdings einen enorm großen Vorbereitungsaufwand nach sich zieht und nicht jeder Lehrkraft gleichermaßen liegt. Es gibt auch fertige Materialien dieser Art, wobei hier natürlich wieder problematisch ist, dass diese nicht dem am Lehrwerk erworbenen Wortschatz entsprechen. Ich möchte an dieser Stelle dennoch auf Hans Hennig Ørbergs rein einsprachiges Lehrwerk »Familia Romana« (1991) hinweisen, das ebensolche Texte von der ersten Lektion an bietet. Die Texte sind in derart einfacher Sprache verfasst und außerdem zur Einführung jeder Vokabel und zur Unterstützung des Textverständnisses so sinnvoll illustriert, dass auch Lernanfänger und sehr leistungsschwache Schüler über drei Seiten in einer Stunde flüssig herunterlesen können. Die Sprache ist klassisch gutes und fehlerfreies Latein. In jeder Lektion werden neue Vokabeln und grammatische Phänomene eingeführt, die unter vielen Wiederholungen aufeinander aufbauen.

Wen stört, dass die Kommasetzung anders als in deutschen Lehrwerken nicht der deutschen Kommasetzung folgt, sollte dies ggf. an wenigen Stellen (z. B. bei Relativsätzen) nachträglich anpassen. So werden Irritationen bei den Schülern vermieden, die sich womöglich unbewusst darauf verlassen, Nebensätze stets am Komma zu erkennen.

Meiner Erfahrung nach beim Einsatz mit Nachhilfeschülern oder Volkshochschulgruppen sind die Texte derart einfach zu verstehen, dass auch leistungsschwache Lerner den Inhalt ohne jede Übersetzung so vollständig erfassen, dass sie beim rein einsprachigen Lesen an den richtigen Stellen über die lustigen und spannenden Erlebnisse der Protagonisten lachen. Am Ende jedes Textes werden einfache Fragen in lateinischer Sprache gestellt, die sich aus dem Text mündlich oder schriftlich – natürlich ebenfalls auf Latein – beantworten lassen. Vielleicht können diese oder ähnliche Texte in geringem Maße parallel zum eigentlichen Lehrbuchunterricht eingesetzt werden oder auch in einer eigenen Latine-Loqui-AG als Textgrundlage, zusätzlich zu den eigentlichen freien Sprechübungen, zur Anwendung kommen.

Grammatikübungen

Latine Loqui kann zu vielen Phasen einer Unterrichtseinheit eingesetzt werden. Zahlreiche Beispiele zur Einführung noch unbekannter Grammatikphänomene mit konkreten lateinischen Dialogvorschlägen sowie Kopiervorlagen finden sich z. B. bei Bethlehem (2015). Doch nicht nur zur Einführung, auch zur Einübung, Umwälzung und Vertiefung des theoretisch gelernten Stoffes eignen sich aktive Sprechübungen. Da hier das Ziel nicht das freie Sprechen, sondern das Einüben bestimmter grammatikalischer Regeln ist, muss stärker auf Fehler eingegangen und mehr korrigierend reagiert werden. Dies kann entweder im Unterrichtsgespräch durch die Lehrkraft oder, gerade bei älteren Schülern, anhand von Tandemkarten von Schülerseite erfolgen.

Den folgenden Übungen ist wieder gemein, dass sie von einem Sachthema ausgehen, das im Vordergrund steht. Die Anwendung der grammatischen Strukturen und das Befolgen der theoretisch erarbeiteten Regeln dienen also aus Schülersicht dem sinnvollen Zweck, die übergeordnete gestellte Aufgabe zu lösen.

Präpositionen üben: Der Parcours

Richtungsangaben oder Präpositionen zur Ortbestimmung wie »in« + Akk./Abl., »ad« + Akk., »ex« + Abl., »per« + Akk. etc. werden in der Wortschatzarbeit häufig an Zeichnungen geübt, indem sie daran rezipierend nachvollzogen oder selbst zugeordnet werden sollen. Doch schon eine zweidimensionale Zeichnung ist eine Abstraktion. Noch lebensweltlicher und dadurch besser für den Lernprozess sind wirkliche Bewegungen im Raum, mit denen die Schüler ganzheitlich und mit vollem Körpereinsatz die Bedeutung der Vokabeln erfahren und verinnerlichen.

Eine aktive Sprechübung hierzu ist die Aufgabe, sich gegenseitig mit verbundenen oder geschlossenen Augen durch einen Parcours aus Stühlen, Taschen oder anderen Hindernissen zu führen. Eine Begehung des Schulhofs kann dazu dienen, Vokabeln wie »arbor« – »Baum«, »herba« – »Gras«, »pratum« – »Wiese«, »saxum« – »Felsbrocken«, »umbra« – »Schatten« und »scalae« – »Treppen« aktiv anzuwenden.

Schritt 1: Vorbereitend wird als Hausaufgabe die Aufgabe gestellt, aus den schon bekannten Vokabeln je nach Größe des bisher gelernten Wortschatzes 5–10 Substantive aufzuschreiben, die sich auf dem Schulhof oder im Klassenraum finden lassen.

Schritt 2: Diese werden in der nächsten Stunde an der Tafel in einer dreispaltigen Tabelle gesammelt und von allen Schülern in der gleichen Systematik auf handlichen Pappkarten notiert: In der linken Spalte steht die Form im Nominativ, in der mittleren im Akkusativ und in der rechten im Ablativ Singular. Bei dieser Gelegenheit wird erneut darauf aufmerksam gemacht, dass die Akkusativformen im Singular (ggf. mit Ausnahme von Neutra) immer auf ein -m und die Ablativformen in der rechten Spalte immer auf einen Vokal enden.

Schritt 3: Um die Tabelle herum werden gemeinsam Satzbausteine ergänzt, die den Nominativ erfordern: »Ecce …«, »… adest!« »… procul est.« Über und unter der mittleren Spalte stehen Bausteine mit dem Akkusativ: »ante …«, »ad …«, »in …«, »per«, »Cave …!«, »Tange …!« u. v. m. Rechts bei den Ablativformen stehen die Präpositionen »ex …«, »in …«, »prae …« etc. Diese Satzbausteine können nach Belieben der Schüler in einer weiteren Erarbeitungsphase mit Bildsymbolen illustriert werden wie z. B. mit einem Warndreieck neben »Cave …!« oder einer Hand neben »Tange …!«

… procul est! …	ante … ad… ad … prope … Cave …! circum …	prae … ex … sub …
Nominativ arbor porta signum …	Akkusativ arborem portam signum …	Ablativ arbore porta signo …
… adest. Ecce …! …	Tange …! in … praeter … per … contra … apud … iuxta …	in … …

Schritt 4: In der Durchführung begibt sich die Klasse in Gruppen von je drei Schülern auf den Schulhof bzw. baut im Klassenraum selbst einen Parcours auf, der abwechselnd mit verbundenen Augen durchlaufen werden soll. Für gewöhnlich ist für die Durchführung einer solchen Aufgabe kein genauer Plan nötig. Die Schülerinnen und Schüler werden sich ganz von selbst auf möglichst verschlungenen Wegen durch die Hindernisse lotsen. Bei einer

Durchführung im Klassenraum können die Schüler sich alternativ gegenseitig Karten zeichnen, in welcher Reihenfolge der Parcours zu meistern ist, und mit Argusaugen über die korrekte Einhaltung durch die so angewiesene Gruppe wachen. Um einen Wettbewerbscharakter zu inszenieren, kann dabei die Vorgabe lauten, dass sechs Hindernisse in möglichst kurzer Zeit in der vorgegebenen Reihenfolge umlaufen werden müssen.

Planung eines Schulausflugs: Gerundium im Genitiv

Steht eine Klassenreise oder ein Schulausflug an, ist ein motivierender Gesprächsanlass gegeben, den man bei fortgeschrittenen Sprechern gut für eine Latine-Loqui-Übung nutzen kann. Als Hausaufgabe sollen jeweils fünf verschiedene Möglichkeiten für Tätigkeiten gesammelt werden, was am Reiseort oder am Ausflugsziel getan werden kann. In der Stunde soll dies in Gruppen ins Lateinische übertragen werden: »Nobis erit occasio ...«

Die Vorschläge werden an der Tafel gesammelt, wobei gleich die lateinische Übersetzung im Infinitiv festgehalten wird. Wichtig ist, auf Infinitivkonstruktionen zu achten, die später gut in Gerundivformen umgewandelt werden können. Auf die deutsche Übersetzung wird, wenn möglich, verzichtet. Stattdessen können zur Gedächtnisstütze einfache Skizzen gezeichnet werden:
- museum visere (ein Museum besuchen)
- theatrum visere (ein Theater besuchen)
- glaciem edere (Eis essen)
- saltare in discotheca (in einer Disko tanzen)
- canere (singen)
- navigare (segeln)
- cenam parare (eine Mahlzeit kochen)
- tesseris ludere (Würfelspiele/Brettspiele spielen)
- ...

Im Unterrichtsgespräch werden in lateinischer Sprache Vorteile und Nachteile der jeweiligen Tätigkeit gesammelt. Da die Reihenfolge bei der Besprechung der einzelnen Vorschläge ausdrücklich wild durcheinandergehen darf, soll zur Einordnung, worauf man sich gerade bezieht, jedes Argument zu einer Tätigkeit mit der Wendung: »Nobis erit occasio ...-ndi.« beginnen. Im Anschluss wird, bezugnehmend auf die lateinisch geführte Diskussion, über die wahrzunehmenden Gelegenheiten abgestimmt und ein Plan für die Fahrt festgelegt.

Ablativübung: Womit schreibt Quintus?

Zur Einübung des Ablativs führte eine Lehrkraft recht spontan eine Übung durch, die bei der Lerngruppe so gut ankam, dass er sie zur Nachahmung weiterempfahl. Dabei mimte er die recht verpeilte Figur »Quintus«, die versuchte, mit verschiedenen ungeeigneten Gegenständen an der Tafel zu schreiben. Bei jeder Darstellung fragte er: »Quo instrumento Quintus nunc scribit?« und ließ die Schüler zur Beantwortung der Frage die Gegenstände im Ablativ nennen und im Antwortsatz »Quintus … scribit« ergänzen.

Im nächsten Schritt variierte die Lehrkraft auch die Schreibunterlage, wobei es besonders großes Gelächter hervorrief, als »Quintus« versuchte, mit einem Stift auf dem laminierten Bild einer Sonne (»in sole«) zu schreiben, die schon an anderer Stelle im Unterricht zum Einsatz gekommen war. Diese Übung kann lehrerzentriert eingeführt werden, doch um alle Schüler zu aktivieren, sollten sie im Anschluss in Gruppen eingeteilt werden und die Aufgabe miteinander wiederholen. Bildkarten sorgen dafür, dass vor allem lektürerelevante Lernvokabeln verwendet werden, die sich nicht in einem Klassenraum finden lassen.

Kommunikationsübungen

Bildbeschreibungen

Gerade in den ersten Lektionen dienen die Illustrationen in Schulbüchern der vorentlastenden Texterschließung und bilden viele bekannte Vokabeln ab. Bisweilen finden sich hier auch bereits fertig erstellte Wimmelbilder mit den ersten Vokabeln wie »dominus/domina«, »servus/ancilla«, »equus« und »villa«. Auch Verben wie »currere«, »clamare«, »quaerere«, »ridere«, »tacere«, »timere« und »spectare« lassen sich häufig in Abbildungen wiederfinden. Besonders sinnvoll können anhand der Schulbuchillustrationen Singular- und Pluralformen im Nominativ und Akkusativ sowie die Personalendungen der 3.P. Sg. und Pl. geübt werden. Die erste und zweite Person kann gebildet werden, indem den so beschriebenen Figuren in einem weiteren Schritt Aussagen oder Dialoge in den Mund gelegt werden. Auch Präpositionen lassen sich oft bei der Beschreibung von Schulbuchillustrationen gut anwenden.

Bei dem Arbeitsauftrag einer Bildbeschreibung sollte den Schülerinnen und Schülern möglichst ein übergeordnetes sachbezogenes Ziel vorgegeben werden. Wenn alle wesentlichen Informationen des Bildes auf einen Blick erkannt worden sind, kann es für Frust sorgen, die Abbildung zum reinen Selbstzweck in langsamem Sprechtempo auf Latein zu beschreiben. Ein möglicher, sinnvoller anmutender Arbeitsauftrag kann wie folgt aussehen:

Schritt 1: Die Schüler tun sich paarweise oder in Dreiergruppen zusammen. Ein Schüler setzt sich mit dem Rücken zu dem oder den anderen und legt ein leeres Blatt Papier und Stifte bereit. Der Partner bzw. die anderen Gruppenteilnehmer wählen ein Bild aus dem Schulbuch aus, das sie dem abgewandten Schüler in lateinischer Sprache beschreiben möchten.
Schritt 2: Der Partner bzw. die anderen Gruppenteilnehmer beschreiben in lateinischer Sprache ein Bild aus dem Schulbuch, das der abgewandte Schüler zeichnet. Auch der zeichnende Schüler darf Rückfragen ausschließlich auf Latein stellen.
Schritt 3: Die Schüler vergleichen das gezeichnete Ergebnis mit dem Original im Schulbuch. Bei Abweichungen reflektieren sie in deutscher Sprache, wie es zu den Missverständnissen kam, z. B. welche Vokabeln ihnen jeweils gefehlt haben.
Schritt 4: Anschließend werden die Rollen getauscht.

Bildergeschichten

Bei meinen Workshops arbeite ich sehr viel mit Bildergeschichten. Am liebsten verwende ich dabei einen Overheadprojektor. Diese haben den unschätzbaren Vorteil, dass ich auf Vokabelfragen sehr spontan und gezielt reagieren kann, indem ich die bebilderten Hilfen unter dem Bild auflege und, sobald sie nicht mehr benötigt werden, sie gleich wieder fortnehmen kann. Die Lerngruppe ist so keiner erschlagenden Liste von schriftlichen Vokabelhilfen auf einem Handout ausgesetzt, sondern kann sich auf die Sache selbst, nämlich das Erzählen einer spannenden Geschichte, konzentrieren.

Da es an einigen Schulen keine OHPs mehr gibt, habe ich versucht, die Einheiten auf »Interactive Whiteboards« umzurüsten. Bislang gibt es allerdings noch nicht die Möglichkeit, in einem Bild auf eine bestimmte Stelle (z. B. den Teil einer Abbildung, in dem ein Baum zu sehen ist) zu klicken, so dass nur hier punktuell die Vokabelhilfe »arbor« oder die Wendung »in arbore« aufscheint. Teile eines Bildes lassen sich zwar bereits mit Tonaufnahmen verknüpfen oder mit Bildern, die den ganzen Bildschirm füllen; beide Möglichkeiten sind jedoch für den Zweck einer unauffälligen Vokabelhilfe, die nicht von der Sache ablenkt, nicht geeignet.

Wenn mit einem Beamer an einer Leinwand gearbeitet wird, können Vokabelhilfen in Form von laminierten Din-A5- oder Din-A4-Bildern hochgehalten oder an der passenden Stelle mit Klebmasse an der Leinwand befestigt werden (zuvor sollte natürlich an einer kleinen unauffälligen Stelle getestet werden, dass die Klebmasse wirklich keine Spuren hinterlässt). Die Vokabelhilfe kann mit einem Folienstift auf der Laminierung nachgetragen und schnell wieder entfernt werden.

Dieses nachträgliche Aufschreiben der Bedeutung hat gegenüber schriftlich ausgedruckten Vokabelhilfen einerseits den Vorteil, dass die Schüler die Vokabelhilfe quasi erst aufgrund ihrer Nachfrage entstehen sehen, was motivierend wirkt und gerade bei eigentlich bekannten Vokabeln mehr zum Mitdenken anregt, als wenn das Wort bereits fertig ausgedruckt ist. Wenn die Vokabel für »Krone« fehlt, fällt es einigen Schülern vielleicht ein, sobald sie das »c« oder die ersten drei Buchstaben sehen, so dass die richtige Antwort doch noch aus der Lerngruppe selbst stammt. Ein zweiter Vorteil ist, dass die Lehrkraft viel flexibler auf die Satzstruktur reagieren kann, in der die Vokabel eingesetzt werden soll. Haben die Schüler bisher mit Prädikaten wie »ridet« oder »gaudet« gearbeitet, empfiehlt sich für die Beschreibung eines traurigen Gesichts, keine Infinitive, sondern gleich die 3. P. Sg. »dolet« oder »lacrimat« anzugeben. Wurden dagegen prädikativ verwendete Adjektive wie »laeta est« oder »iratus est« gewählt, ist für dasselbe Bild die Angabe »maestus, a, um« oder »tristis« zielführender.

Übung zum Ausprobieren: Vater-und-Sohn-Geschichten

Material: Eine Einzelfolie mit den Figuren »Vater« und »Sohn« (z.B. in e.o. plauen: Vater und Sohn. Sämtliche Abenteuer, Köln 2015. Anaconda Verlag); Folien mit den Einzelbildern einer Bildergeschichte; Folienschnipsel mit erwarteten Vokabelfragen, wobei auf den Schnipseln genug Platz gelassen wird, um mit Folienstift die Bedeutung handschriftlich zu ergänzen.

Schritt 1: Die Lehrkraft legt als stummen Impuls die Folie mit den Figuren »Vater« und »Sohn« auf. Einige Schüler erkennen die Figuren aus dem Deutschunterricht in der Grundschule oder Unterstufe wieder und teilen ihre Entdeckung ihren Mitschülern mit. Sie entwickeln eine Erwartungshaltung an eine unterhaltsame Geschichte.

Schritt 2: Die Lehrkraft zeigt nacheinander auf den Vater und den Sohn und fragt: »Quis est?« – Die Schüler bilden die Sätze »Pater est.« und »Filius est.«

Schritt 3: Bild für Bild erzählen die Schülerinnen und Schüler im Plenum oder in Kleingruppen die Geschichte, wobei die Lehrkraft bei Vokabelfragen die Folienschnipsel neben das Bild legt und die Bedeutung ergänzt. Dabei führt sie die Wendungen »Quid est linguā Latinā X?« bzw. »Quid est linguā Germanicā Y?« ein, um auch Vokabelfragen in lateinischer Sprache zu klären.

Schritt 4: Viele Lehrkräfte geben als anschließende Hausaufgabe auf, die Geschichte noch einmal schriftlich auf Latein nachzuerzählen. Davon riete ich eher ab, da Fehler im mündlich gesprochenen Latein zwar gerne in großer

Zahl überhört werden dürfen, sofern die Kommunikation ansonsten erfolgreich ist; in schriftlicher Form möchte ich sie nicht »gesichert« im Heft stehen lassen. Noch demotivierender wäre es allerdings (sowohl für die Schüler- als auch die Lehrerseite), alle Texte mit Rotstift zu korrigieren und zurückzugeben. Mit dieser Frage sind Lateinlehrer allerdings ja nicht allein. Wenn Sie gern schriftliche Texte auf Latein verfassen lassen möchten, tauschen Sie sich einfach mit Ihren Kolleginnen und Kollegen der neuen Sprachen aus und erkundigen Sie sich, wie diese mit schriftlichen Fehlern außerhalb von Lernkontrollen umgehen.

Empfohlene Vater-und-Sohn-Geschichten

Die Seitenzahlen beziehen sich im Folgenden auf den oben angegebenen Sammelband.

- Friedensstifter (S. 9): Die Geschichte wird in sechs Bildern erzählt. Im ersten Bild prügeln sich der Sohn und ein anderer Junge. Die herbeigerufenen Väter versuchen das Problem zunächst mit Worten zu klären, fangen dann aber selbst eine Prügelei an. Im letzten Bild sieht man, wie die Söhne neben ihren sich prügelnden Vätern beginnen, friedlich ein Spiel zu spielen. An dieser Geschichte können Akkusative geübt werden, indem die Vokabeln »pulsat ...« und »pugnat contra ...« vorgegeben werden. Mithilfe von Präpositionalausdrücken können Stimmungen erzählt werden: »maestus est«, »iratus est«, »laetus est«. Da in mehreren Bildern Dialogsituationen gezeigt werden, können auch in wörtlicher Rede die Personalendungen in der 1. und 2. Person geübt werden.
- Das fesselnde Buch (S. 128): Die Geschichte wird in sechs Bildern erzählt. Im ersten Bild kaufen Vater und Sohn in einer Buchhandlung ein Buch. Auf den Bildern 2–6 lesen sie gemeinsam das Buch, wobei sie verschiedene Handlungen im Haushalt durcheinanderbringen. So streut der Vater Tabak in eine Teekanne, gießt Wasser in seinen Hut und zuletzt liegt er bekleidet in der Badewanne. Diese Geschichte kann auch zur Übung des PC eingesetzt werden, indem in jedem Satz das PPA »legens« in der richtigen Form angewendet werden soll.
- Weiter für Anfänger zu empfehlen sind die Geschichten: Beim Spiel darf niemand stören (S. 35); Rückfällig aus Leidenschaft (S. 122). Als Vokabelempfehlungen seien hierfür »hamus« für »Angel« und »pisces captare« für »angeln« empfohlen; Die gute Gelegenheit (S. 226) und mein Favorit: Der Brief der Fische (S. 31), in welcher der Sohn dem Vater heimlich einen Brief an die Angelrute knotet (»alligat«). Hier habe ich für meine eigenen Workshops die deutschsprachige Pointe des Briefes umformuliert zu »Hodie pisces captare non placet. Vale. Pisces«.

Wimmelbilder

Mit Wimmelbildern lässt sich besonders gut binnendifferenziert arbeiten. Die Schülerinnen und Schüler haben eine große Auswahl an Bildern vor Augen, aus der sie sich jeweils den Sprechanlass auswählen können, der ihrem eigenen Leistungsstand und Vokabelwissen am angemessensten erscheint. Für ihren Einsatz gibt es unzählige Möglichkeiten, von denen im Folgenden einige wenige vorgestellt werden sollen. Allgemein empfehle ich, Wimmelbilder nicht (nur) als Handout auszuteilen, sondern für alle gut sichtbar an die Wand zu projizieren. So erlaubt die aufrechte Sitzhaltung und die Blickrichtung nach vorn eine kommunikativere Atmosphäre.

Ich sehe was, was du nicht siehst

Eine naheliegende Aufgabe zu einem Wimmelbild ist das Spiel »Ich sehe was, was du nicht siehst«.

Schritt 1: Die Schüler wählen in Einzel- oder Partnerarbeit einige Einzelszenen aus dem Bild aus und bereiten Sätze vor, mit denen sie die Szenen beschreiben. Die Lehrkraft geht umher und hilft bei Vokabelfragen. Dabei sollte nur bekanntes oder leicht aus anderen Sprachen erschließbares Vokabular verwendet werden. Bei der Arbeit mit einem Wimmelbild, das u. a. eine Baustelle zeigt, fragen mich Schüler regelmäßig nach der Vokabel für »Abrissbirne«. Meine Nachfrage, ob sie denn meinen, dass ihre Mitschüler die Vokabel verstehen und die Szene finden würden, überzeugte sie immer schnell, eine andere Formulierung wie »deletur aedificium«, »murus fractus est« oder »machina domum destruit« zu finden.

Schritt 2: Im Wechsel tragen die Schülerinnen und Schüler ihre Sätze vor. Die anderen hören zu, betrachten das Bild und suchen die beschriebene Szene. Wer meint, eine Lösung gefunden zu haben, geht nach vorn und zeigt sie direkt am Bild.

Neben der Binnendifferenzierung ist ein weiterer Vorteil dieser Übung, dass ein direktes Feedback aus der Lerngruppe über gelungene oder misslungene Kommunikation erfolgt. Das erhöht die Motivation, sich präzise auszudrücken, um verstanden zu werden, und bringt einen direkten Belohnungseffekt, wenn dies gelungen ist.

Diese Aufgabe lässt sich auch gut als Übung zur Bildung von Partizipien einsetzen, indem gezielt Formulierungen wie »Video puellam currentem.« oder »Invenite viros pugnantes!« abgefragt werden.

Dialoge zuordnen lassen und weiterführen

Wimmelbilder eignen sich außerdem gut als Gesprächsanlass für dialogische Übungen. Die Schülerinnen und Schüler wählen hierbei eine Szene aus, zu der sie einen Dialog verfassen und ggf. die Szene weiterschreiben. Die genaue Aufgabenstellung kann sich am Ziel, bestimmte grammatische Phänomene einzuüben, orientieren oder der freien Kommunikation dienen.

Geschichtenerzählwürfel

In der Materialsammlung (S. 121 ff.) werden Bilderwürfel vorgestellt, mit denen Schüler spontan in Kleingruppen kleine Geschichten erzählen können. Die Würfel können fertig gekauft oder gemeinsam mit den Schülern, z. B. als Projektaufgabe, erstellt werden, wobei hier darauf geachtet werden kann, alle Bilder sowohl im Singular als auch im Plural zu verwenden. Beim Einsatz werden für alle Bilder Vokabeln oder Phrasen vorgegeben, die sich leicht zu Sätzen kombinieren lassen. Die Spielregeln können direkt aus den Anleitungen der Würfelboxen übernommen oder selbst entwickelt werden. Die Schüler agieren frei an Gruppentischen, die Lehrkraft geht umher, hört zu und steht für Hilfen zur Verfügung.

Buchstabenwürfel

Eine Kollegin aus einer neuen Fremdsprache berichtete mir von ihren guten Erfahrungen mit Buchstabenwürfeln. Bei dieser Methode wird in mehreren Arbeitsgruppen jeweils eine größere Anzahl an Würfeln so geworfen, dass sie geordnet und gut sichtbar in einer Gitterbox landen und nicht zu Boden fallen können. Im Anschluss erhalten die Schüler zunächst eine gewisse Zeit, um aus den Buchstaben Wörter zu bilden.

Diese Vokabeln werden an der Tafel gesammelt und ihre Bedeutung und, auf den Lateinunterricht übertragen, auch die Formbildung geklärt. Im Anschluss erzählen die Schüler eine Geschichte oder spielen eine Szene, in der eine bestimmte Anzahl Wörter aus der Vokabelsammlung vorkommen soll. Diese Dialoge können deutsch-lateinische Mischsprachen nach dem Prinzip der Baukastengeschichten sein (S. 53) oder in lateinischer Sprache verfasst und dabei entweder zuvor in Gruppenarbeit schriftlich vorbereitet oder spontan im Unterrichtsgespräch entwickelt werden, je nachdem, was die Lehrkraft für ihre jeweilige Lerngruppe für sinnvoller hält.

Der Vorteil gegenüber von Lehrerseite vorgegebenen Vokabeln ist die hohe Motivation, die von vornherein durch das Tüfteln mit den Buchstaben und das Mitbestimmen über die inhaltliche Thematik der Geschichte gegeben ist. Sicherlich werden einige Schüler auch versuchen, gezielt entlegene und inhaltlich schwer kombinierbare Wörter zu bilden, um für das Erzählen eine ganz eigene Herausforderung zu schaffen. Der Zufallseffekt bringt außerdem auch für die Lehrkraft eine eigene Spannung mit, was sich auf die Motivation der gesamten Lerngruppe übertragen kann. Und nicht zuletzt werden auf diese Weise auch längst vergessene Vokabeln ganz selbstinitiiert wieder hervorgekramt und durch die kontextuelle Verknüpfung schließlich sicher gelernt.

Personenraten/Prominentenraten/Quis sum?

Vgl. oben S. 46 ff.

Ich sehe was, was du nicht siehst

Dieses Spiel kann anhand von Klassenrauminventar durchgeführt werden, nachdem nützliche Adjektive gesammelt und durch vorgreifende Vokabelangaben zu Farben und Formen ergänzt wurden. Das Spiel folgt den bekannten Spielregeln: Im Plenum oder in Gruppen wählen die Schüler im Wechsel einen Gegenstand, den sie mit der Phrase beschreiben: »Video, quod vos non videtis: est rubrum.« Die Mitschüler erraten den Gegenstand, wobei sie bei unbekannten Wörtern auch einfach aufstehen und mit dem Finger darauf zeigen dürfen, statt dass alle neulateinischen Vokabeln genannt werden müssen. Wem es Freude bereitet (z. B. dem Lehrer vom Typ *Thesaurus*), steht natürlich auch diese Variante frei. Eine Anleitung zu diesem Spiel gibt auch Bethlehem 2015, S. 54.

Versipellis

Bei den europäischen Lateinwochen in Amöneburg erfreut sich die lateinischsprachige Version des Spiels »Die Werwölfe von Düsterwald« (nominiert zum Spiel des Jahres 2003, lui-même) großer Beliebtheit. Es ist mit 8–15 fortgeschrittenen Mitspielern, also in kleinen bzw. aufgeteilten Lerngruppen oder einer Latine-Loqui-AG, möglich. In diesem Spiel, das einer im Sitzen gespielten Version von »Mord im Dunkeln« ähnelt, geht es darum, durch Bluffen, Anklage- und Verteidigungsreden die verdeckt zugelosten Rollen der »Wölfe« in der Gruppe aufzuspüren.

Der Lehrer übernimmt die Rolle des Spielleiters, wobei er immer die gleichen vorbereiteten Erzähltexte ablesen oder auch frei sprechen kann. Die Schüler spielen das Spiel gemäß der Anleitung, wobei ihnen unbedingt eine Auswahl von nützlichen Phrasen schriftlich bereitgestellt werden sollte.

In diesem Spiel haben die Teilnehmer eine sehr hohe Motivation, zu sprechen und verstanden zu werden. Sie haben die Möglichkeit, Formulierungen abzulesen – erfahrungsgemäß wird aber schnell der Mut gefunden, freier zu sprechen. Auch ruhige Schüler werden eingebunden, da durch das Spielprinzip stille Teilnehmer ebenso leicht in den Fokus der Verdächtigungen geraten wie besonders eloquente. Es erfolgt zudem eine hohe gegenseitige Kontrolle durch die Schülerinnen und Schüler, die am Verständnis großes Interesse haben und entsprechend nachfragen. Bisweilen wird die gegenseitige Korrektur auch als Teil des Spiels akzeptiert, ohne aus der Rolle zu fallen – denn wer Fehler beim Sprechen macht, macht sich doch schnell als Wolf unter den Menschen verdächtig …

Tabu

Eine lateinische Version von »Tabu« ist ein für Lernanfänger schweres Spiel, da es ein großes Vokabelwissen voraussetzt, eine andere Vokabel intralingual zu umschreiben. Andererseits können die Wortkarten so präpariert und die Regeln derart abgeändert werden, dass auf den Karten keine verbotenen Ausdrücke, sondern im Gegenteil hilfreiche Vokabeln oder sogar Satzbausteine in der richtigen Flexion vorgegeben werden. So kann der Begriff »Mercator« mit folgenden Hilfen versehen werden: »in foro …«, »vendit …-m«, u. v. m.

Lateinische Texte vortragen

Das laute und betonte Ablesen schriftlicher Texte ist kein Latine Loqui im eigentlichen Sinne. Anders als »dicere« oder »orare« bedeutet »loqui« stets »plaudern« oder »sich unterhalten«. Es geht dabei also ums freie Formulieren aus dem Bedürfnis heraus, sich auszudrücken, verstanden zu werden und Antwort zu erhalten. Dennoch soll in diesem Kapitel auch das betonte Vorlesen mit aufgenommen werden, da durch das selbst inszenierte, ausdrucksstarke Vortragen von Texten Verknüpfungen erstellt werden können, die denen beim Latine Loqui ähneln.

Geeignete Texte finden sich viele, so z. B. dialogische oder erzählende Lektionstexte aus dem Lehrwerk. In der Lektürephase empfehlen sich vor allem bekanntere Texte aus der antiken Literatur, der Vulgata, den Carmina Burana u. ä. Ihre Bekanntheit und Relevanz für die Geschichte und Literatur bewirken, dass sich evtl. aus Schülersicht sogar der Aufwand »lohnt«, sie für die Übung passagenweise auswendig zu lernen.

Catull

Ein solches gut geeignetes kurzes Gedicht ist Catulls Carmen 85: »Odi et amo«.

Odi et amo. Quare id faciam, fortasse requiris.
Nescio, sed fieri sentio et excrucior.

Mit seinen zwei Zeilen ist das Gedicht schnell übersetzt, wobei jede einzelne Vokabel erfasst wird und auch über die Zeit der Einheit hinweg sicher im Kopf bleiben kann. Dass das »odi« dem bekannteren »amo« gegenübergestellt wird, unterstützt zusätzlich das Verständnis. Die vieldeutige Endung auf -i sollte daher nach der ersten Vorbesprechung und sobald der Blick von der Wortform fort auf die Bedeutung gelenkt wird, keine erneuten Fragen mehr aufwerfen. Die Frage im ersten Vers, die Ansprache an eine zweite Person und nicht zuletzt die starken Gefühle zu Beginn und Schluss des Gedichts lassen sich dramatisch gut darstellen.

Es gibt unzählige Möglichkeiten, wie und zu welcher Phase der Einheit ein solcher Vortrag inszeniert werden kann. So kann direkt nach der »klassischen« Übersetzung ins Deutsche nach der Think-Pair-Share-Methode in Kleingruppen ein Vortrag eingeübt werden. Während der Vorträge vor der Klasse notieren die zuhörenden Schüler ihre Beobachtungen. Im Anschluss werden sie im Unterrichtsgespräch ausgewertet und diskutiert, wobei Gemeinsamkeiten und Unterschiede der Darstellungsweise, getrennt davon auch die Begründungen durch die Darsteller und Regisseure selbst, gesammelt werden. Bei diesem Gedicht wäre es z. B. interessant zu sehen, ob das Gedicht an die Geliebte selbst, an einen unbeteiligten Zuhörer oder an einen vertrauten Freund gerichtet verstanden wurde. Aus einer reinen Übertragung ins Deutsche in Schriftform lässt sich dies nicht erkennen, diese unterschiedlichen Deutungsmöglichkeiten zeigen sich erst im Vergleich der szenischen Darstellungen.

Nach einer solchen Methode können in der Folgestunde auch bekannte Inszenierungen wie z. B. durch Carl Orff interpretiert und mit den eigenen Darstellungen verglichen werden. Dabei sollte deutlich werden, dass auch Orffs Deutung ein subjektives und modernes Verständnis ausdrückt und er Catull genauso wenig danach fragen konnte, »was eigentlich gemeint ist«, wie die Schüler selbst. Keine der Versionen ist daher richtiger oder falscher, nur weil Carl Orffs Version aufwendiger produziert und berühmter ist als eine Schülerszene im Klassenraum.

Wegen der Kürze und – im wahrsten Sinne der Gattungsbezeichnung – Dichte des Ausdrucks eignen sich für eine solche Darstellungsweise auch viele weitere lyrische Texte von Catull oder Horaz.

Cicero, Caesar & Co.

Im Internet finden sich einige Aufnahmen von Schülern, die Ciceroreden wie »In Catilinam« in mündlichen Vorträgen inszeniert haben. Die vortragenden Schüler selbst machen ihre Sache gut, sie betonen die wichtigen Wörter im Satz, sprechen eine der Syntax und dem Sinn entsprechende Satzmelodie und setzen in Filmaufnahmen ihre Mimik und Gestik an sinnvollen Stellen unterstützend ein. Die Frage ist hier allerdings, wie viel Bezug ihre Vortragsweise tatsächlich zu ihrem Sinnverständnis des Textes hat und wie viel nur behavioristisch einstudiert und wie von einem Papagei nachgeplappert wird.

Doch wirklich ernüchternd ist es, die Lerngruppen im Hintergrund zu beobachten. Die Mitschüler können dem komplizierten Text durch reines Hörverständnis nicht folgen, freuen sich nur am szenischen Klamauk und scheinen sich ansonsten etwas fehl am Platz zu fühlen. Ciceros Texte sind eben für einen mündlichen Vortrag für die meisten Schüler (und auch erwachsenen Lateinsprecher) viel zu kompliziert. Durch unzählige »kleine Wörter«, die einfach nicht so gut im Kopf bleiben wie bildhaft vorstellbare Substantive oder Adjektive, wird höchstens jedes zweite Wort verstanden – auch wenn das zum Verständnis ausreichen würde, sorgt der Frust über das Unverständnis meist dazu, auch die verstehbaren Wörter nicht mehr konzentriert anzuhören.

Vielleicht finden sich auch bei Cicero Passagen, die sich bei entsprechender Vorbereitung für einen Schülervortrag eignen, doch meiner Meinung nach gibt es für eine solche Aufgabe weitaus besser geeignete Texte. Gleiches gilt für den Beginn von Caesars »De bello Gallico«, den Generationen von Lateinschülern auch Jahrzehnte später noch tonlos herunterleiern können. Ich würde bei solchen Begegnungen gern in eine Zeitmaschine steigen und ihre früheren Lateinlehrer nach dem Lernziel ihrer Aufgabe fragen – abgesehen davon, ihren Schülern ein Repertoire an klug wirkenden Phrasen in der »Zaubersprache« Latein mitzugeben. Da dies leider nicht mehr möglich ist, konzentrieren wir uns lieber darauf, dass wir selbst unseren Schülern sinnvollere Aufgaben stellen und sie höchstens solche Sätze auswendig lernen lassen, die sie auch Jahre später noch selbst verstehen.

Phaedrus

Dichtung eignet sich besonders gut für laute Präsentationen, da diese Texte von vornherein zum lauten Vortrag bestimmt waren und darauf angelegt sind, durchweg gut darstellbare Elemente zu enthalten. Ein Problem im modernen Lateinunterricht ist allerdings, dass wir uns angewöhnt haben, in Prosatexten Elisionen zu ignorieren und sie allein in Dichtungen zu berücksichtigen. Diese »Verhackstückelung« der Wörter irritiert Schüler und sorgt im lauten Vortrag nicht nur für Irritationen, sondern sogar für echte Probleme.

Doch gerade hier kann man aus der Not eine Tugend machen. Ein Teilziel eines lauten szenischen Vortrags kann sein, dass die Schülerinnen und Schüler feststellen, dass auch bei wegfallenden Wortendungen der semantisch bedeutsamere Wortanfang stets verstehbar bleibt. In Phaedrus' Fabel zum Wolf und dem Lamm am Fluss wären das in Vers 1 »riv-«, in Vers 2 »longequ-« und »fauc-« sowie in Vers 4 »latr-« und »caus-«. Fast alle dieser halbierten Wörter haben außerdem eine Präposition oder ein Bezugswort in KNG-Kongruenz bei sich, wodurch die Funktion im Satz auch ohne hörbare Wortendung klar wird. Nach dieser Bewusstmachung werden die Schüler erstens viel weniger bei der Frage durcheinandergeraten, ob sie beim Skandieren und Elidieren den Wortanfang oder das Wortende »wegstreichen« müssen. Zweitens wird ihnen durch ihr eigenes Erleben deutlich, dass lateinische Dichtung zum Vortrag bestimmt war und von Zuhörern tatsächlich auch verstanden werden konnte.

1,1	Lupus et agnus
1	Ad rívum‿eúndem lúpus et ágnus véneránt
2	Sití compúlsi; súperiór stabát lupús
3	Longéque‿inférior ágnus. Túnc fauce‿ímprobá
4	Latro‿íncitátus iúrgií causam‿íntulít.
5	»Cur« inquit »túrbuléntam fécistí mihí
6	Aquám bibénti?« Lánigér contrá timéns:
7	»Qui póssum, quaéso, fácere, quód queserís, lupé?
8	A té decúrrit ád meós haustús liquór«.
9	Repúlsus ílle véritátis víribús:
10	»Ante hós sex ménses mále,‿ ait, díxistí mihí«.
11	Respóndit ágnus: »équidem nátus nón erám«.
12	»Pater hércle túus ibi,‿ ínquit, mále dixít mihí«.
13	Atque‿íta corréptum lácerat iniustá necé.
14	Haec própter íllos scrípta‿est hómines fábulá,
15	Qui fíctis caúsis ínnocéntes ópprimúnt.

Fabel 1,1 eignet sich wie viele andere Phaedrustexte durch die kurzen Sätze, wenige »kleine Wörter«, viel direkte Rede, die überzogenen Figurentypen und die lebendige Handlung besonders gut für eine szenische Darstellung. Besonders die Positionierung am Fluss, die für die Argumentation zwischen Lamm und Wolf, dadurch für die Handlung und nicht zuletzt für die Bewertung ihres Verhaltens relevant ist, lädt geradezu ein zu einer dreidimensionalen Darstellung im Raum. In der Lektürephase sind die meisten Vokabeln bereits eingeführt und werden auch in späteren Texten wieder begegnen, so dass bei einem freien Vortrag kein unsinniges Vokabular auswendig gelernt werden muss. Gerade schwer lernbare Interjektionen wie »quaeso« (Vers 7) und »hercle« (Vers 12), aber auch der Vokativ (Vers 7) und das Wort »equidem« (Vers 11) werden durch einen lebendigen dialogischen Vortrag mit Leben gefüllt und bleiben auch langfristig besser im Gedächtnis verankert als beim lautlosen Auswendiglernen vom Blatt.

Ovid, Vergil & Co.

In den Fasti und den Metamorphosen finden sich mit den Lykischen Bauern, der Geschichte um Pyramus und Thisbe etc. viele Passagen, die gerne in lauten szenischen Darstellungen vorgetragen werden. Je länger und komplizierter der Text ist und je gesuchter die Vokabeln, desto kritischer muss allerdings hinterfragt werden, welches Lernziel eigentlich durch ein lautes Ablesen konkret erreicht werden soll und ob dies nicht mit anderen Mitteln sinnvoller zu erreichen wäre.

Umgang mit Fehlern

Fehler gehören zum Experiment des Latine Loqui unvermeidlich dazu. Und doch steht die Lehrkraft bei jedem Fehler von Schülerseite vor einem Dilemma: Soll man einfach ein paar Fehler ignorieren, damit kein Frust über die ständigen Unterbrechungen von Lehrerseite entsteht? Aber muss man als Lehrer nicht unbedingt vermeiden, dass falsche Ergebnisse unkorrigiert im Raum stehen bleiben? Wie findet man selbst immer die richtigen Worte und vor allem: Wie vermeidet man im gesprochenen Latein Fehler im Satzbau?

In diesem Kapitel sollen Tipps und Tricks bereitgestellt werden, wie beim Latine Loqui souverän mit Fehlern umgegangen werden kann. Der Schwerpunkt des Kapitels liegt auf der Frage, wie der Unterricht vorausschauend so geplant werden kann, dass Fehlerquellen vorzeitig erkannt und vermieden werden, damit es zu so wenig Korrektursituationen wie möglich kommt. Es werden praktische Tricks beim Lenken der Satzstruktur, bei der Vokabelauswahl und bei der Angabe von Vokabelhilfen gezeigt.

Wie viel Korrektur ist nötig?

Kaum formulieren die Schüler ihre ersten Sätze, hört man schon die ersten Fehler und steht vor der Frage: Soll ich die ersten zarten Sprechversuche schon im Keim ersticken und korrigierend eingreifen? Soll ich sie reden lassen und Falsches abnicken? Das richtige Maß bei der Korrektur zu finden, fällt vielen Lateinlehrern schwer.

Dieses Problem ist kein spezifisches, das nur das Lateinsprechen betrifft. In den neuen Fremdsprachen stehen die Lehrer tagtäglich vor dem gleichen Dilemma, daher gibt es in der Didaktik der neuen Fremdsprachen Unmengen an Literatur zu diesem Thema – sed quot homines, tot sententiae … Letzten Endes hängt auch hier viel von der Lehrerperson, ihrer Lerngruppe und dem Verhältnis zwischen Lehrkraft und Schülern ab, so dass jeder seinen eigenen Weg finden muss – und darf!

Eine wichtige Unterscheidung hilft jedoch beim Finden des richtigen Maßes. Bei kommunikativen Übungen wird, wie bereits mehrfach betont, zwischen zwei Zielen unterschieden. Dient die Sprechaufgabe der Bewusstmachung und Einübung eines bestimmten grammatischen Phänomens? In diesem Fall ist ein höheres Maß an Korrektur erforderlich, um den Schülern Lernerfolge zu ermöglichen und durch viel Feedback Sicherheit zu geben. Wenn ein und dieselbe Satzstruktur beim einen Schüler als richtig durchgewunken und beim nächsten korrigiert wird, sorgt dies bei Schülern, die den Fokus gerade auf die Grammatik gelegt haben, für Verwirrung. Bei Fehlern, die andere grammatische Phänomene betreffen, darf derweil die Fehlertoleranz höher angesetzt werden. Dient die Übung jedoch dem Zweck, Latein als Kommunikationssprache anzuwenden, eine sachbezogene Aufgabe wie z. B. das Erzählen einer Bildergeschichte zu lösen und verstanden zu werden, dann sollte für die Dauer der Aufgabe eine größere Menge von sprachlichen Fehlern toleriert werden.

Fehlende Korrektur durch einen Muttersprachler

Erzählt man von seinem Interesse am Latine Loqui, folgt häufig der Einwand, dass es für Latein als tote Sprache doch gar keine Muttersprachler mehr gibt, die die Grammatik, die Wortwahl oder die Aussprache korrigieren könnten. Doch sind Muttersprachler bei der Kommunikation wirklich grundsätzlich vonnöten?

Heute würden sich in einer internationalen Wohngemeinschaft ein Franzose, eine Deutsche und eine Chinesin wohl schnell auf die WG-Sprache Englisch einigen. So können sie sich über Putzpläne und Einkaufslisten verständigen, über ihre Interessen unterhalten und Freundschaften knüpfen. Die Unterhaltungen mögen sicherlich langsamer vonstattengehen als dies zwischen zwei Muttersprachlern der Fall wäre – doch sie erfüllen ihren Zweck. Niemand käme in dieser Situation auf die Idee, dieser Wohngemeinschaft vorzuwerfen, dass an ihren Gesprächen doch eigentlich mindestens ein englischer Muttersprachler beteiligt sein müsste und sie sich ansonsten anzuschweigen hätten: Wenn sich die Gesprächsteilnehmer verstehen, ist die Kommunikation gelungen.

Die Gefahr, sich grammatische oder semantische Fehler anzueignen, ist zwar in dieser Konstellation zweifelsohne gegeben. Doch auch Nicht-Muttersprachler können beim Sprechen voneinander lernen, sich gegenseitig korrigieren und ggf. Hilfsmittel wie Wörterbücher oder Grammatiken nutzen, damit sich nicht im Laufe der Unterhaltungen Fehler einschleifen. Und selbst wenn das so angewendete Englisch am Ende noch Fehler enthält – wäre es tatsächlich besser, gar nicht zu sprechen?

Ebenso kann es beim Lateinsprechen heute keine Garantie geben, dass man seinen Schülerinnen und Schülern nicht am Ende ein paar unciceronische Ausdrücke oder gar barbarische Germanismen eingepflanzt hat. Da Lateinschüler anders als unsere fiktive Studenten-WG wohl nicht mehr die Gelegenheit erhalten werden, sprachliche Fehler in Unterhaltungen mit anderen Gesprächspartnern zu korrigieren, ist es sogar sehr wahrscheinlich, dass sie diese Fehler ihr Leben lang beibehalten.

Denken wir einmal an die Schülergeneration, die gegenüber der Lateinlehrerin Ulrike Bethlehem »debeo mingere« erklärt, wenn sie die Toilette aufsuchen möchten:[11] Ihr Hinweis, dass »debere« eigentlich aber mehr eine moralische Pflicht als eine naturgegebene Dringlichkeit bezeichnet, wird wohl schnell in Vergessenheit geraten. Doch vielen ihrer Schüler wird noch Jahrzehnte später in Erinnerung bleiben, dass »debeo« mit »ich muss« übersetzt wird. Sowohl die Personalendung -o – »ich« als auch die Vokabel »debere« – »müssen« wird durch die häufige Wiederholung und den lebensweltlich dringlich relevanten (und nicht zuletzt auch unterhaltsamen) Bezug sicher gelernt. Überwiegt hier nicht der Nutzen den angerichteten Schaden?

Jein ... Meiner Meinung nach wäre es in diesem speziellen Fall tatsächlich sinnvoller gewesen, das falsche »debeo« – dessen unpassende Verwendung die Autorin ja sogar explizit in einer Fußnote erläutert! – hier doch einfach gleich durch das literarisch belegte »volo« zu ersetzen oder eine andere Formulierung wie »licetne latrinam adire?« einzuführen. Wenn ein Fehler rechtzeitig vor seiner Umsetzung festgestellt wird, sollte man meiner Ansicht nach die Phrase auch gar nicht erst einführen, sondern die Formulierung entsprechend überarbeiten. Doch unabsichtlich verursachte Fehler richten auch keinen schlimmen Schaden an und sollten daher nicht gefürchtet werden.

Fehler werden also sowohl von Schülerseite als auch beim Lehrer passieren, wenn man versucht, mit Schülern Latein zu sprechen. Das ist ein Risiko, das man nicht gänzlich ausschalten kann. Ist man bereit, sich trotzdem auf das Experiment einzulassen, kann dennoch ein sehr viel größerer Gewinn erzielt werden.

Korrektur versus Reparatur

In einer Übung, die dem Ziel der freien Kommunikation dient und nicht der Einübung eines bestimmten grammatischen Phänomens, ist es also vor allem wichtig, dass das Verständnis erreicht wird und dabei nicht allzu viel Falsches im Raum stehen bleibt. Das bedeutet natürlich nicht, dass alles abgenickt wird,

---

11 Bethlehem 2015, S. 71 mit Fußnote 27.

was gesagt wird. Ist das Verständnis gefährdet, wird – immer mit Bezug auf die unzureichend vermittelte Botschaft – nachgefragt, um dem Sprecher die Gelegenheit zu geben, die Formulierung nachzubessern.

Hierbei muss nicht genau die Satzstruktur korrigiert werden, in der Schwierigkeiten aufgetreten sind. Oft ist es zielführender, statt an dem komplizierten Satz festzuhalten, einfach einen leichteren, anders konstruierten und ggf. sogar viel »lateinischeren« Satz bilden zu lassen, der inhaltlich den gleichen Sinn transportiert.

In einem meiner Workshops im Museum ließ ich einmal in einer sechsten Klasse verschiedene Darstellungen von Göttern beschreiben, an denen wir ihre Attribute erarbeiteten. Ziel dieser Übung war es, dass die Schülerinnen und Schüler erkennen, dass Götter immer die gleichen Attribute haben, an denen man sie erkennt – egal, wie antik oder modern die Darstellung ist. Die Gruppe sollte unter anderem einen Cartoon beschreiben, in dem mehrere Gottheiten miteinander feiern. Die Schüler saßen in der Sitzordnung eines Hufeisens im museumspädagogischen Raum an Tischen und notierten auf einem Handout die neu erarbeiteten Vokabeln, auf die sie später im Ausstellungsraum zurückgreifen sollten.

Ein Junge meldete sich und erklärte: »Iuppiter adest!« Ich blickte mich suchend auf dem Bild um, streifte dabei mit dem Finger die anderen Abbildungen der Gottheiten wie Neptun, Diana und Minerva und fragte genauer nach: »Quis est Iuppiter?« Der Schüler wollte die Figur näher spezifizieren und sagte: »Habet … caput … est …« – Da Jupiter in dieser Abbildung eine auffällige Krone trägt, suchte er offenbar nach dem Wort »corona«, das ihm entfallen war. Ich nannte ihm an dieser Stelle noch nicht die Vokabel, da ich vermutete, dass sie ihm noch einfallen würde oder ein anderer Schüler ihm recht schnell aushelfen würde. Doch stattdessen fing der Schüler plötzlich an zu strahlen und rief »Est rex!« Die Vokabel »corona« war an dieser Stelle nicht mehr nötig für das Verständnis. Ein solches eigenmotiviertes Umformulieren des Satzes zu einer ganz anderen Aussage, die den gleichen Sinn vermittelt, bezeichnen manche Didaktiker der neuen Fremdsprachen auch als »selbstinitiierte Reparatur«.

Für die Sammlung der Götterattribute, die ich als Ergebnis der Übung im Sinn hatte, war die Nennung der Vokabel »corona« zwar unverzichtbar, doch an dieser Stelle musste der Begriff noch nicht fallen. Der Schüler wusste ja nicht, »was ich hören wollte«, und hatte für die Aufgabe »Describite picturam! Quis adest?« eine einwandfreie Lösung angeboten. Ich griff also die dem Bild richtig entnommene und korrekt kommunizierte Information über Jupiters Status auf und lenkte das Gespräch nun auf den Umstand, dass Jupiter und Juno ein Königspaar sind. Innerhalb dieses Gesprächs erwähnten dann andere Schüler, dass die beiden Gottheiten Kronen tragen, so dass die gesuchte Vokabel später doch noch zur Sprache kam.

Die Figur des Jupiter in dieser Darstellung wird übrigens in jeder Lerngruppe ein wenig anders beschrieben. In einer Besuchergruppe des achten Jahrgangs, die übrigens beim Lateinsprechen stark von ihrem sehr guten Spanischunterricht profitieren konnte, wurden ganze Sätze bevorzugt und mutig Vokabeln erraten: »Iuppiter fulmen mittit«, beschrieb eine Schülerin das Bild, in dem der Gott einen Blitz auf eine Dartscheibe wirft. In einer neunten Klasse ging ein Schüler ganz anders an die Aufgabe heran und erklärte ohne langes Zögern: »In medio Iuppiter est.« Auch die anderen Gottheiten wurden in dieser Schülergruppe durch ihre Positionierung mit den Formulierungen »sinistra parte« und »dextra parte« erläutert. Da die Attribute für den weiteren Verlauf der Veranstaltung noch wichtig waren, reichte diese Erklärung zwar für meine Zwecke nicht aus, so dass ich den Blick wieder auf den Blitz in seiner Hand lenken musste. Dennoch war es erfreulich und sicherlich auch langfristig gewinnbringend, dass die Schüler diese offenbar erst kürzlich gelernten Ortsbeschreibungen aktiv in einem Sachkontext anwenden konnten und eine Rückmeldung über die Richtigkeit ihrer Formulierung erhielten.

Wird konsequent darauf geachtet, die kommunikative Situation auch bei Fehlern am Laufen zu halten und den Bezug zum Thema oder zur Aufgabenstellung nicht aus den Augen zu verlieren, wird die Scheu vor dem Sprechen und die Angst vor Frust geringer und entsprechend die Motivation größer.

Besonders in rollenspielerischen Übungen wie z. B. der Einkaufssituation auf einem römischen Forum wäre es fehl am Platz, wenn der Verkäufer plötzlich nicht mehr in Händlermanier mit großen Gesten seine ausgestellte Ware anpreist und über die Frische seines Fisches debattiert, sondern den potentiellen Kunden stattdessen vergrault, indem er ihn wie ein spitzfindiger Grammaticus auf eine fehlerhafte Wortendung aufmerksam macht. Stattdessen kann er in der Rolle bleiben und, z. B. in einer unterwürfigen »Der Kunde ist König«-Haltung, zurückmelden, dass er jetzt leider, leider nicht genau verstanden habe, ob dieser nun einen oder mehrere Fische kaufen möchte oder was genau der Kunde nun wünscht; auf Numerus-Fehler kann z. B. durch das Deuten auf die Ware oder Hochhalten von Fingern verwiesen werden, ohne dass die Szene unterbrochen werden muss.

Latine Loqui sollte sich möglichst nicht anfühlen wie das laut gesprochene Übersetzen deutscher Sätze ins Schulbuchlatein. Genau wie im Unterricht anderer Fremdsprachen geht es darum, die Sprache selbst, ohne Umweg über das Deutsche, zu sprechen. Daher sollte keinesfalls versucht werden, Germanismen noch irgendwie zu retten und zu festigen, sondern der gleiche Sinn sollte besser ohne einen Umweg über das Deutsche so formuliert werden, wie ein »Native Speaker« ihn in derselben Sprechsituation ausdrücken würde und wie er den Schülerinnen und Schülern bei der Lektüre begegnen kann.

Wie korrigieren?

Dass Schüler Fehler machen, die mithilfe des Lehrers korrigiert werden, ist an und für sich ja keine neue Situation. Beobachten Sie sich doch einmal, wie Sie dabei für gewöhnlich vorgehen. Unterscheiden sich Ihre Reaktionen auf Fehler in den verschiedenen Jahrgangsstufen? Gibt es Unterschiede dabei, welche Unterrichtsform und welche Methode angewendet wird oder welches Lernziel gerade verfolgt wird? Werden leistungsstarke Schüler anders korrigiert als leistungsschwache oder selbstbewusste Schüler anders als unsichere? Machen Sie bei der Fehlerkorrektur Unterschiede, je nachdem, ob eine Wortmeldung aus eigenem Antrieb vorgenommen oder ob der Schüler von Ihnen ungewollt aufgerufen wurde? Ich für meinen Fall kann für diese unterschiedlichen Situationen eine große Palette verschiedener Korrekturverhalten benennen, die mir selbst erst wirklich auffielen, als ich mir ebendiese Fragen gestellt habe. Daraus abzuleiten ist in erster Linie, dass es sicherlich auch keine Faustregel zum Korrigieren gibt, die für jede Latine-Loqui-Situation gleichermaßen zu empfehlen ist.

Wiederholung des falschen Wortes

Beim traditionellen Übersetzen aus dem Lateinischen in die Zielsprache Deutsch empfinden es manche Lehrkräfte als hilfreich, bei Fehlern die angebotene Lösung wieder zurück in die Ursprungssprache zu übersetzen, um auf den Unterschied aufmerksam zu machen. Wenn z. B. ein Schüler in Ovids Amores 1,1 im ersten Satz »Arma gravi numero violentaque bella parabam / edere« das Prädikat mit »ich bereite vor …« übersetzt, lenkt die fragende Anmerkung »*paro* edere …?« bzw. der Kommentar »… dann müsste da aber ›paro‹ stehen!« den Blick auf das Wort, in dem der Fehler passiert ist, und ermöglicht eine Korrektur durch den Schüler selbst.

Ich vermute zwar, dass in den meisten dieser Fälle der korrigierte Schüler dabei mehr auf den Wortstamm »par(a)-« achtet, die bisherigen eigenen Überlegungen zu dem Wort schnell löscht und es komplett neu übersetzt, statt sich wirklich so schnell (zumal in dieser Drucksituation) bewusst zu machen, dass er eben im Präsens übersetzt hat und er nun ein Imperfekt vor sich entdeckt. Aber selbst wenn der auditive Fokus bei diesen Korrekturen wirklich nur auf dem »par-« lag, halte ich diese Art von Korrektur dennoch für sinnvoller, als es eine Rückmeldung wie »Achten Sie auf das Tempus!« oder »Nein, guck mal, mit dem Prädikat stimmt noch etwas nicht« wäre: Mit solchen Anmerkungen wird der Blick zu sehr auf die Grammatik gelenkt. Der Sinnkontext der Erzählung gerät in den Hintergrund, der restliche Satz in Vergessenheit. Durch solche metasprachlichen Korrekturen geht der Sachbezug beim Übersetzen verloren.

Auf ähnliche Weise kann auch in Sprechübungen das Wort, in dem der Fehler passiert ist, je nach Kontext fragend oder erinnernd wiederholt werden, damit der Schüler selbst eine Korrektur des richtigen Wortes vornimmt, ohne die richtige Lösung eingeflüstert zu bekommen und nur zu wiederholen.

Korrektur bei falschen Kongruenzen

Bei falschen Kongruenzen ist es oft schon allein der Klang, der auf den Fehler aufmerksam macht und auf die richtige Lösung lenkt. Wenn z. B. eine Schülerin in einer Bildbeschreibung sagt: »Puella laetus est«, kann das betonte Wiederholen »puell*a* laet*us* ...?« die Sprecherin schnell darauf aufmerksam machen, dass auch beim Adjektiv die Endung -a sinnvoller klingt – und in diesem Falle auch ist –, so dass sie ihren Fehler selbst korrigiert. Würde hier der Fokus auf die Grammatik gelegt mit Hinweisen wie »Memento de congruentia!« bzw. »Quo genere est ›puella‹? Quo genere est adiectivum ›laetus‹?«, würden diese Fragen auf Deutsch gestellt oder gar eine Tabelle der Adjektive der a- und o-Deklination mit allen 31 Formen zurate gezogen, wäre der Lerneffekt wohl sogar weit geringer als bei einem eher intuitiven Orientieren am Klang.

Diese Art von Korrektur, bei der auf Dissonanzen aufmerksam gemacht wird, ist bei Kongruenzen von Wörtern unterschiedlicher Deklinationen natürlich nicht möglich. Um darauf schon vor dem Einführen weiterer Deklinationen vorzubereiten, sollten von Anfang an vereinzelt die Deklinationen, zumindest aber die Auslaute im Nominativ variiert werden, damit sich nicht unbewusst eine Faustregel wie »was sich reimt, gehört zusammen« einschleift. In der Arbeit mit meinen Nachhilfeschülern habe ich erlebt, dass die Adjektive der a- und o-Deklination auch bei anders auslautenden Bezugswörtern mit einem natürlichen Geschlecht wie »mercator«, »puer«, »vir«, »virgo« oder »uxor« schnell richtig gebildet werden. Hier kommt es dem Sprachgefühl sicherlich entgegen, dass in der eigenen Lebenswirklichkeit Mädchennamen häufig auf »-a« enden, so dass diese Endung bereits von vornherein mit etwas Weiblichem assoziiert wird. Der nächste Schritt, die KNG-Kongruenzen auch bei nicht-natürlichen Genera bei verschieden klingenden Deklinationen aktiv richtig zu bilden oder in Texten wiederzuerkennen, ist nach einer solchen konsequenten Vorarbeit leichter zu meistern.

Die i-Deklination der Adjektive unterscheidet dabei glücklicherweise (abgesehen vom Neutrum im Nominativ und Akkusativ und selten auch im Nominativ Sg. im Maskulinum und Femininum: »acer, acris, acre«) der reinen Form nach nicht zwischen den Genera. Was einem an den ein-, zwei- und dreiendigen Adjektiven der i-Deklination beim Theoretisieren so kompliziert vorkommt, dass diese Adjektivgruppen manchmal mehrere Lehrwerkslektionen und ganze Seiten in Grammatiken füllen, bereitet daher in der Sprechpraxis kaum Probleme. Im Anschluss werden diese Formen dann auch in Übersetzungstexten leichter erkannt, ihrem Bezugswort zugeordnet und übersetzt. Das Thema »Adjektive der i-Deklination« ist daher ein sinnvolles Thema für grammatikphänomenspezifische Kommunikationsübungen und den Einsatz des Latine Loqui im Lateinunterricht.

Korrektur bei Kasusfehlern

Ein Fehler bei der Kasusbildung ist sinnentstellend. Daher ist es auch in diesem Fall angebracht, als Zuhörer nicht selbst Korrekturvorschläge zu machen, sondern lediglich Verständnisprobleme zu suggerieren, um den Schüler zu einer Selbstkorrektur zu animieren. Es sollte dabei deutlich werden, dass die beabsichtigte Botschaft trotz richtiger Vokabelwahl inhaltlich nicht ankam und daher eine Korrektur notwendig ist.

Dabei rate ich davon ab, solche Korrekturen anhand von behelfsmäßigen Gesten und Grimassen vorzunehmen, die keinen sachbezogenen Sinn, sondern lediglich Buchstabenkombinationen symbolisieren. Eine Französischlehrerin aus meiner eigenen Schulzeit tippte sich beispielsweise auf ihre Nase, um auf eine fehlende Nasalierung aufmerksam zu machen, oder imitierte mit ihren Händen die Flügel eines Bienchens, wenn wir ein scharfes zu einem weichen »s« korrigieren sollten. Im Laufe der Zeit lernten wir dadurch jedoch mehr, auf die Körpersprache der Lehrerin zu achten, als auf unsere eigene Aussprache, und wussten trotzdem immer genau, was sie hören wollte.

Ein gutgemeintes Zusammenpressen der Lippen, um an die Endung »-m« im Akkusativ Singular zu erinnern, könnte also den gleichen Effekt haben. Die Schüler werden so zwar schnell die richtige Lösung sagen, sie aber nicht verstehen. Sinnvoller ist es daher, das Wort mit der *falschen* Endung in fragendem Ton zu wiederholen, damit die Schüler sich an die richtige Endung selbst erinnern. Der Umweg über ein künstlich dazwischengeschaltetes Symbolsystem, so effektiv es auch zunächst scheinen mag, kann den Denkprozess bei der aktiven Formbildung langfristig eher verkomplizieren als erleichtern.

Sinnvoll ist es, schon früh spezielle Sprechübungen zur Kasusbildung und insbesondere zur Akkusativbildung durchzuführen, da dieser Kasus neben dem Nominativ sowohl beim Sprechen als auch beim Übersetzen lateinischer Texte ins Deutsche am häufigsten benötigt wird. Bei späteren Fehlern bei der Akkusativbildung ist dann ein impliziter Verweis auf diese Übung hilfreich. Ist hier beispielsweise mit Fragen auf »Quem …?« gearbeitet worden, dann sollte eine Rückfrage im neuen Sachkontext ebenfalls mit dem Fragepronomen »quem« beginnen. Das »-m« gibt zwar ebenfalls den direkten Hinweis auf den zu ergänzenden Buchstaben, doch die Erinnerung beschränkt sich – anders als bei zusammengepressten Lippen oder Summlauten – nicht auf das Wiederholen eines einzelnen Buchstabens, sondern ist an ganze Sätze in Sinnzusammenhängen geknüpft. So sollten nach der Rückfrage mit dem Fragepronomen »Quem …?« und nach einigen Wiederholungen der speziellen Akkusativübungen auch in der freien Kommunikation leichter die Korrekturen im Plural mit den anderslautenden Endungen »-os«, »-as«, »-es« etc. assoziiert werden. Ebenso kann nach der Einübung entsprechender Dialogfragen zum Genitiv eine Korrektur dieser Formen syntaktisch sinnvoll mit »cuius?« eingefordert werden und gleichzeitig die Übung ins Gedächtnis rufen, in der die Genitivendungen verinnerlicht worden sind.

Bei Fehlern bei anderen Kasus oder in Präpositionalgefügen sollte im wahrsten Sinne des Wortes fallweise entschieden werden, ob, und wenn ja, wie am besten korrigiert wird. In der freien Kommunikation ist ein falsch gebildeter Dativ beispielsweise häufig so wenig sinnentstellend, dass ein Eingriff nicht unbedingt nötig ist (außer natürlich, es wird gerade die Verwendung des Gerundivums mit »esse« und einem Dativus Auctoris eingeübt, so dass der Fokus auf genau dieser Form liegen sollte). Wird allerdings nach der Präposition »in« Akkusativ mit Ablativ verwechselt, kann wieder ein Verständnisproblem suggeriert und durch Gesten gezeigt werden, welche Botschaft angekommen ist.

Wird ein falscher Numerus gebildet, kann beim Wiederholen der falschen Form durch das Zeigen von einem oder mehreren Fingern angedeutet werden, was gerade ausgedrückt wurde und dass dabei Singular und Plural verwechselt wurden.

Korrektur bei Vokabelfehlern

Auch hier hilft das Andeuten von Verständnisproblemen oder das Aufzeigen, welche falsche Botschaft beim Gegenüber angekommen ist. Möchte eine Schülerin z. B. eine Männergruppe auf einem Bild beschreiben und sagt versehentlich »Video vires«, kann hier ein erstauntes Wiederholen des Satzes in Kombination mit einer Geste auf den eigenen angespannten Oberarm und einem energischen Gesichtsausdruck nicht nur auf das falsche Wort aufmerksam machen, sondern auch die Verwechslungsgefahr der Vokabeln »vis« – »Kraft« und »vir« – »Mann« in Erinnerung rufen.

Idealerweise formuliert die Lehrkraft diesen Satz bei der Wiederholung in die zweite Person und eine Frage um: »Videsne *vires*?« – So bleibt der Fokus auf der konkreten kommunikativen Situation und dem Verständnisproblem zwischen den Sprechern, statt bloß auf die Grammatik zu verweisen. Wer sich diese

Umformulierung so schnell noch nicht zutraut, darf natürlich in den festen Satzstrukturen verbleiben und den Satz oder das fehlerhafte Wort der Schülerin in derselben Formulierung wiederholen.

Schlägt ein Schüler, der auf solche Weise auf einen Fehler aufmerksam gemacht wurde, eine andere Formulierung vor, in der die gesuchte Vokabel nicht mehr benötigt wird, so ist wieder fallweise und mit Augenmaß zu entscheiden, ob die Vokabel für den Sprecher selbst oder die zuhörenden Schüler noch genannt werden sollte oder ob man einfach weiterspricht (s. oben: Korrektur vs. Reparatur). Liegt das Ziel der Übung in der Kommunikation selbst und nicht auf einem bestimmten Grammatikphänomen, ist es immer besser, sich auf die Sache zu konzentrieren, statt die Kommunikation durch Grammatik- oder Wortschatzexkurse zu unterbrechen.

Aussprachefehler

Inwiefern bei der Korrektur auch auf Aussprachefehler eingegangen wird, liegt im Ermessen der Lehrkraft. Kaum ein Lateiner kennt sämtliche Kürzen und Längen der Vokabeln auswendig. Und selbst wenn man großen Wert darauf legt, so arbeitet man ja im Kollegium mit anderen Lehrkräften zusammen, die selbst vielleicht weniger penibel auf die Aussprache ihrer Schüler geachtet haben und deren Latinität nicht unbedingt vor der Schülern offen infrage gestellt werden muss.

Zwar ist es tatsächlich sinnentstellend, ob ein Schüler »populus« (Volk) oder »pōpulus« (Pappelbaum) sagt, ob er von »pedēs« (Füßen) oder »pēdēs« (Läusen) und von »malum« (schlecht) oder »mālum« (Apfel) spricht, doch dies sind meiner Ansicht nach zu kleinliche Korrekturen, als dass sie im Lateinunterricht in jeder Lerngruppe viel Raum einnehmen müssten. Wirklich wichtig ist meiner Meinung nach aber die Unterscheidung zwischen dem langen und kurzen »e« in den Infinitiven der e-Konjugation und der konsonantischen bzw. gemischten/halbkonsonantischen Konjugation, da diese für die Formbildung und -bestimmung relevant sind. Hier sollte daher unbedingt korrigierend eingegriffen werden. Ansonsten sollten sich weder Schüler noch Lehrkräfte von besonders ambitionierten Kollegen verunsichern lassen, die, oft sogar zur eigenen Belustigung, fremde Aussprachefehler bemängeln.

Wer mit dem Pronuntiatus Restitutus spricht, sollte sich gut überlegen, ob er vor seiner Schülergruppe wirklich das »r« rollen und Vokale nasalieren möchte. Dass es Schüler zunächst belustigt, ist natürlich nicht weiter schlimm und eine reine Gewöhnungssache – die neuen Fremdsprachen lassen sich auch nicht davon abhalten, eine korrekte Aussprache zu vermitteln, nur weil manche Klänge anfangs fremdartig und erheiternd klingen. Doch wenn die lateinische Aussprache durch diese Elemente so schwierig oder so abschreckend erscheint, dass Schüler sich weniger melden, als sie es bei einer deutscheren Aussprache täten, sollte auf einer allzu konsequenten Aussprache nicht beharrt werden; im Latine Loqui müssen immer Kompromisse geschlossen werden, und die Aussprache gehört sicherlich ganz vorn mit dazu.

Grammatikalische Eigenarten nutzen

Fehler lassen sich auf verschiedene Weise korrigieren, doch am besten ist es natürlich, sie erst gar nicht zu machen. Die lateinische Sprache weist einige Eigenschaften auf, die sich gezielt nutzbar machen lassen, um durch das Beiseiteräumen sprachlicher Hindernisse von vornherein für flüssiges, fehlerfreies Sprechen zu sorgen. Dabei muss man natürlich darauf achten, dass im Einzelfall von Schülerseite keine Fehlschlüsse gezogen werden, die solche Hindernisse in Texten später dann umso größer erscheinen lassen. Im Folgenden werden einige Tricks bereitgestellt, wie Fehler im gesprochenen Latein vor allem durch eine entsprechende Vokabelauswahl vermieden werden können.

KNG in der a- und o-Deklination

KNG-Kongruenzen von Substantiven und Adjektiven der a- und o-Deklination reimen sich. Das machen sich die meisten Lehrwerke und Lehrkräfte zum ersten Einstieg in lateinische Sätze nutzbar. Doch nicht nur beim Übersetzen, auch beim Bilden eigener Sätze hilft eine Vokabelauswahl speziell von Vokabeln der a- und o-Deklination, Fehler von vornherein zu vermeiden bzw. sehr leicht zu korrigieren.

Bei der Vorbereitung von Bildergeschichten oder anderen Übungen passe ich die Vokabeln daher häufig an, indem ich Diminutive bilde oder Synonyme/Metonyme der a- und o-Deklination angebe: »navicula« oder »carina« statt »navis«, »catulus« statt »canis«, »bestia« statt »animal«, »villa«, »aedificium« und »casa« statt »domus« sowie »rosa« statt »flos«. Ebenso wähle ich bei leistungsschwächeren oder jüngeren Lerngruppen Adjektive nur aus der a- und o-Deklination: »maestus« statt »tristis«, »citus« statt »celer« und »clarus« statt »nobilis«. Auch Verben der konsonantischen und halbkonsonantischen Deklination bergen durch die Bindevokale Tücken in sich. Hier kann, sofern es inhaltlich passt, auf Frequentative in der a-Konjugation zurückgegriffen werden.

Akkusative

Nachdem in den ersten Sätzen möglichst nur Nominative und intransitive Prädikate verwendet werden bzw. mit »est/sunt«, »adest/adsunt« oder gar »ecce!« das erste Eis gebrochen wird, kommt man schnell in die Verlegenheit, dass für wirklich interessante Gespräche Akkusative vonnöten sind. So viel es auch bei reinen statischen Bildbeschreibungen zu entdecken gibt, spannende Erzählungen, Wimmelbilder und Bildergeschichten enthalten Handlungen, Veränderungen der Situation und Interaktionen zwischen Figuren. All dies lässt sich schwerlich ganz ohne Akkusative ausdrücken. Wenn also nicht die Rolle der *Vorleserin* gewählt wird, die Formulierungen klar vorgibt, werden die Schülerinnen und Schüler bald von allein versuchen, Akkusative zu bilden. Meiner Erfahrung nach gelingt das in jeder Lerngruppe auch zwei bis drei Schülern auf Anhieb, doch in den meisten Fällen sieht das zunächst so aus, dass die gelernten Grundformen verwendet werden und dadurch viele Fehler passieren.

Sollte bereits zwischen Singular- und Pluralformen unterschieden worden sein, verwenden die Schülerinnen und Schüler intuitiv die Nominativformen in Ein- und Mehrzahl auch dort, wo Akkusative richtig wären; sie versuchen wie im Deutschen oder Englischen, über die Wortstellung auszudrücken, was Subjekt und was Objekt ist. Fehlern dieser Art muss schnell vorgebeugt werden, indem spezielle Übungen zum Akkusativ vorgenommen werden.

Wird von Anfang an mit Vokabeln der a-, o- und konsonantischen Deklination in allen drei Genera gearbeitet, so wären es sieben Formen (-am, -um, -em, -as, -os, -es, -a), die nun zusätzlich zu den Nominativformen eingeführt/ wiederholt und unterschieden werden müssen. Diese Endungsvielfalt kann schon bei der passiven Lektüre zu Beginn der Lehrbuchphase erschlagen; auf die Motivation zum aktiven Sprachgebrauch kann diese Flut an Fehlermöglichkeiten verheerend wirken. Daher rate ich dazu, nicht gleich alle Formen zugleich einzuführen, was durch die Auswahl entsprechender Materialien gelenkt werden kann.

Zudem sollte immer wieder auf Ähnlichkeiten der Deklinationen untereinander verwiesen werden: Akkusative enden im Singular (von einigen Neutra abgesehen) auf – ...m (-um, -am, -em) und im Plural auf – ...s (-os, -as, -es, bei der u-Deklination -us) bzw. im Neutrum auf – ...a (-a, -ia). Diese Faustregel hilft nicht nur beim Übersetzen, sondern natürlich auch beim aktiven Sprachgebrauch. Wer Latein rein rezipierend und durch das Auswendiglernen von Tabellen gelernt hat und durch die langjährige Erfahrung die Formen auf den ersten Blick erkennt, bemerkt teilweise Ähnlichkeiten mit lebendigen Sprachen nicht. Lateinanfängern fallen diese hilfreichen Ähnlichkeiten viel eher auf.

Gerade das Plural-»s« bei den Akkusativformen im Maskulinum und Femininum ist aus dem Englischen und teilweise auch aus der deutschen Pluralbildung vertraut (Jungs, Mädels, Babys, Autos …). Auch wenn die Nominativformen einige Male wiederholt worden und im Gedächtnis verankert sind, sollte daher kontrolliert werden, dass diese »einfacheren« Akkusativformen jetzt nicht die zuvor gelernten, im Nachhinein als schwieriger empfundenen Nominative einfach ersetzen und unter der Rubrik »Pluralform« verdrängen.

An anderer Stelle sind dagegen nach der Neueinführung von Akkusativen in den Latine-Loqui-Gesprächen keinerlei Fehler zu erwarten: Bei Vokabeln im Neutrum und im Plural der konsonantischen Deklination in allen drei Genera lauten der Nominativ und Akkusativ gleich. Je mehr Vokabeln also im Neutrum und im Plural der konsonantischen (und auch u-)Deklination angegeben werden zu Sachthemen, in denen eine gehäufte Akkusativbildung erwartet wird, desto weniger müssen die sprechenden Schüler unterbrochen werden. Solche akkusativlastigen Themen sind vor allem Szenen und Erzählungen, in denen mehrere Figuren miteinander interagieren oder Gegenstände verwenden, die daher bevorzugt im Neutrum oder im Plural angegeben werden sollten (»Puer donum portat.«, »Pater pisces captat.«, »Domina mercatores visitat.«).

Ein Beispiel aus meinem Workshop zum Thema Götterattribute ist die Vokabel »fulmen«, die in jeder mit Blick auf das beschriebene Bild sinnvollen Aussage richtig verwendet wird; egal, ob die Schüler sagen: »Adest fulmen.«, »Iuppiter fulmen tenet.«, »Fulmen mittit.«, »Fulmen est attributum dei.«, »Video fulmen.« oder »Ecce fulmen!« – dank der Neutrumregel kann es hier fast nur Erfolgserlebnisse geben.

Rein statische Bilder vereinzelter Personen oder Abbildungen, die eine Beschreibung von Gefühlsausdrücken oder Eigenschaften anregen, lassen sich dagegen vor allem mit intransitiven Verben und Präpositionalausdrücken beschreiben, für die, wie zuvor erläutert, Vokabeln der a- und o-Deklination eine größere Fehlerfreiheit versprechen.

a-Deklination: Nominativ und Abl. Singular klingen (fast) gleich

Ein Vorteil in der a-Deklination liegt darin, dass der Nominativ Singular (fast) gleich klingt wie der Ablativ. Dies hilft insbesondere bei Bild- und Ortsbeschreibungen, in denen häufig Präpositionen im Ablativ erwartet werden. Während also, wie oben ausgeführt, die Vokabeln, die vermutlich als Objekte der Handlungen genannt werden, vornehmlich im Neutrum gewählt werden sollten, sollte die Vokabelauswahl bei »Hintergrundbeschreibungen« der Handlungen besonders viele Vokabeln der a-Deklination enthalten. Als Beispiel werden im Folgenden verschiedene Sätze angeführt, mit denen Schüler die Bildergeschichte »Der Brief der Fische« (siehe S. 92) beschrieben haben, und die zeigen, wie viele Fehler die Auswahl des Diminutivs »navicula« anstelle von »navis« an dieser Stelle vermeiden konnte.

»Pater et filius in navicula sunt.« »Filius e navicula salit.« »Ecce navicula!« »Navicula est in aqua.« »In pictura navicula est.«

Sollte außerdem einmal nach der Vokabel für »vor« gefragt werden, sollte gleich mitüberlegt werden, ob der Schüler die Präposition wohl mit einem Neutrum oder einer Form im Plural der konsonantischen Deklination bilden möchte oder mit einem Substantiv der a-Deklination. In den ersten Fällen ist »ante« eine gute Antwort, um Fehlern in der Formbildung vorzubeugen – im dritten Falle »pro«, auch wenn natürlich kleine Bedeutungsunterschiede zwischen den Wörtern bestehen. Dieser vorausschauende Blick sei natürlich auch für andere Präpositionen und auch für Verben empfohlen, für die fast gleichbedeutende Vokabeln vorliegen, die mit verschiedenen Kasus konstruiert werden.

Zusammenfassung
- Das Maß der Korrektur richtet sich nach dem Lernziel. Bei Grammatikübungen ist meist mehr Korrektur nötig als bei freien Kommunikationsübungen.
- Fehlerrisiken beim Latine Loqui sollten niemanden entmutigen oder verunsichern. Die Vorteile der Lernerfolge überwiegen die Nachteile einzelner Versprecher oder »unklassischer Ausdrücke«.
- Reparatur schlägt Korrektur: Ein fehlerhafter Satz muss nicht mehr korrigiert werden, wenn eine alternative Formulierung gefunden wird, die den gleichen Sinn ausdrückt.
- Aufforderungen zur sprachlichen Korrektur sollten als Verständnisproblem zurückgemeldet werden.
- Dabei sollte weiterhin der Sachbezug gewahrt werden.
- Bei der Vorbereitung einer Kommunikationsübung kann die Vokabelvorauswahl Fehler minimieren. Verschiedene grammatikalische Eigenschaften der lateinischen Sprache lassen sich dafür nutzen: Bei Vokabeln im Neutrum oder im Plural der konsonantischen Deklination werden kaum Fehler in der Akkusativbildung gemacht, da dieser dem Nominativ gleicht; Präpositionen mit Ablativ können problemlos bei Vokabeln im Singular der a-Deklination angewendet werden, da hier der Ablativ dem Nominativ ähnelt.

Tricks zur eigenen Vorbereitung

Bezugnehmend auf Kapitel 3 (Lehrerrolle) behandelt das folgende Kapitel die Frage, wie man sich als Lehrer am besten auf die Stunde, die ungewohnte Lehrerrolle bei geringeren Erfahrungsunterschieden als gewohnt, die Schülerreaktionen und natürlich auf das Lateinsprechen selbst vorbereiten kann. Interessanterweise habe ich bei meinen Recherchen die Erfahrung gemacht, dass mir Lehrer der neuen Fremdsprachen keine Tipps zu dieser letzten Frage geben konnten: Übungen zum Einsprechen oder Einfinden in die Unterrichtssprache konnten sie mir gar keine empfehlen. Ihrer eigenen Aussage nach haben sie sich auch niemals mit dieser Frage beschäftigt, da sie solche Probleme beim Einfinden in die gesprochene Sprache überhaupt nicht kennen. Sie sind nicht zuletzt durch ihre Auslandserfahrungen so immersiv mit der Sprache in Berührung gekommen und im Sprechen so vertraut, dass ihnen der Sprachswitch vom Flur zum Klassenzimmer umstandslos gelingt. Aus eigener Erfahrung kenne ich jedoch auch nach Jahren des Lateinsprechens und auch bei mehreren Workshops pro Woche das Gefühl, dass ich im Lateinischen erst »ankommen« muss. Daher vermute ich, dass ich mit diesem Gefühl zumindest unter Lateinern nicht ganz allein bin, und möchte dem Phänomen und den Lösungsstrategien zu diesem Problem zumindest aus meinen eigenen Überlegungen heraus einige Zeilen widmen.

Lampenfieber

Sollten die Probleme beim Lossprechen nicht in der Sprache selbst, sondern in einer allgemeinen Scheu vor dem Sprechen einer Fremdsprache vor der Lerngruppe liegen, also gewissermaßen eine Art »Lampenfieber« betreffen, kann es helfen, sich mit Fachsprachenlehrern der neuen Sprachen, auch den Deutschkollegen und mit Theater-AG-Leitern bzw. Kollegen aus dem Bereich »Darstellendes Spiel« austauschen oder Übungen aus den Seiten 76–80 durchzuführen.

Besonders wichtig ist dabei einerseits, die Scheu zu verlieren, sich lächerlich zu machen. Andererseits sollte man bei dem ersten Einsatz von Latine Loqui auf Schülerreaktionen vorbereitet sein, mit denen vor allem Schüler ab der Mittelstufe anfangs ihre eigene Unsicherheit vor der neuen Methode zum Ausdruck bringen. Erfahrungsgemäß legt sich eine solche Unruhe schnell, wenn die Lehrkraft einfach ruhig und souverän die Methode fortführt. So fungiert der Lehrer einerseits als Vorbild, keine Angst vor eigenen Fehlern zu haben. Manchmal braucht es eben einige Minuten Zeit, bis Schüler sich auf die neue Situation und auch Sprache eingestellt haben und feststellen, wie viel sie tatsächlich verstehen und auch ausdrücken können. Zudem müssen einige Schüler bei neuen Erfahrungen immer erst anderen den Vortritt lassen und einige Male beobachten, dass ihre Mitschüler bei Fehlern nicht ausgebremst oder gar vorgeführt werden; erst dann trauen sie sich, selbst das Wort zu ergreifen. Spielt man solche Szenarien im Vorfeld im Kopf durch und macht man sich bewusst, woher solche Reaktionen kommen können, ist man besser auf die Reaktionen aus der Lerngruppe vorbereitet.

Vorbereitung auf einzelne Aufgaben

Zur Vorbereitung auf konkrete Übungen wie Bildbeschreibung sollten die Aufgaben zunächst allein bearbeitet werden, indem die Bilder daheim für sich selbst beschrieben werden. Häufig bemerkt man erst beim langsamen Beschreiben der Bilder, welche Vokabeln eigentlich wirklich benötigt werden.

Sieht man beispielsweise eine Bildergeschichte im Ganzen an, konzentriert man sich zu sehr auf die Gesamthandlung und die bereits bekannte Pointe. Beschreibt man jedoch langsam Bild für Bild, so fallen dem Betrachter Details ins Auge, die einen Schüler ohne Kenntnis der Pointe viel mehr interessieren könnten. Beim Erzählen von Vater-und-Sohn-Geschichten erkundigen sich beispielsweise jedes Mal zumindest einzelne Schüler nach den lateinischen Wortbedeutungen von »Pfeife« und »Hut«; ohne die Vorbereitung mithilfe von Wörterbüchern, die auch neulateinische Vokabeln aufgenommen haben, würden einem bei einer solchen motivierten Schülerfrage die passenden Antworten (»pipa – Tabakpfeife« und »petasus – Hut«) vermutlich in den meisten Fällen fehlen. Auf den Seiten 111–114 wurden außerdem einige Tipps zusammengestellt, wie die Auswahl der Vokabeln helfen kann, Fehlern vorzugreifen.

Nicht nur den Schülern, auch der Lehrkraft selbst sollte die Einordnung der Übung in den Gesamtunterricht klar sein und auch die Relevanz für die Benotung sowie die Kriterien der Leistungsmessungen sollten hinterfragt und festgelegt worden sein.

Einsprechen

Mir selbst hilft es, mich vor einem Unterrichtsbesuch oder Workshop in lateinischer Sprache »einzusprechen«. Wenn ich keine echten Gesprächspartner im Kollegenkreis oder am Telefon habe, dienen mir dazu Selbstgespräche oder ich plaudere auf Latein mit meinem Haustier. Außerdem habe ich mir angewöhnt, auf dem Weg zum Unterrichtsort möglichst viel auf Latein zu denken – so merke ich, welche Vokabeln mir noch langsamer in den Sinn kommen, kann sie ggf. noch nachschlagen und einige Male in Gedanken üben. Bisweilen lese ich mir nach längeren Pausen zur Auffrischung des lebendigen Lateins laut eine Liste mit den häufigsten Phrasen und Einstiegssätzen für die Unterrichtseinheiten durch, die ich mir zu diesem Zwecke angelegt habe. Auf diese Weise bin ich mir sicher, keine wichtige Vokabel oder Wendung vergessen zu haben und bin mir wegen der lauten Aussprache auch aller Längen und Kürzen bewusst.

Wichtig ist es auch, die bereits gelernten unpersönlichen Ausdrücke, Hilfsverben und Wendungen zu kennen, die gut verständlich mit Infinitiven kombiniert werden können, wie z. B. »placet«, »licet« oder bisweilen auch »debet«. »Quis vult/cupit describere picturam?« – »Quis pergit legere?« Grammatikalisch passe ich mich dagegen in meinem eigenen Redeanteil nicht vollständig an den Leistungsstand der Schüler an. Da der Sinn vor allem über die Wortbedeutungen und Wortbetonungen erfasst wird und weniger über die Flexionsformen, verwende ich von den ersten Sätzen an Konjunktive und Futurformen. Noch nie wurde ich von Schülerseite nach der grammatischen Bestimmung einer Wortform gefragt – Verständnisfragen beziehen sich immer nur auf die Wortbedeutung.

Vermutlich hat außerdem jeder so ein paar Vokabeln, bei denen er sich immer etwas unsicher ist. Meine persönlichen Verwirrwörter sind der Nominativ Plural im Femininum von »hic, haec, hoc« – war es nun »hae« oder wie im Neutrum »haec«? – und die Länge des »e« in »respondēre« – ich hatte mich bei meiner ersten Lateinwoche zu viel mit einem Briten unterhalten, der wie viele englische Muttersprachler dazu neigte, Infinitive der »e«-Konjugation wie die der konsonantischen auszusprechen, was mich zu Beginn meiner Lateinsprechkarriere leider etwas geprägt hat. Hat man eine Gruppe von Leuten, mit denen man das aktive Latein gemeinsam üben kann, sollte man daher auf jeden Fall darum bitten, auf solche häufig gemachten Fehler aufmerksam gemacht zu werden, um langfristig an seinen persönlichen Schwächen arbeiten zu können.

Neben der wirklichen Auffrischung des Wortschatzes fühle ich mich auch einfach entspannter, wenn ich mich vor der Stunde noch einmal meiner eigenen Kenntnisse vergewissert habe. Je häufiger man Latein spricht, desto seltener sind solche Übungen aber wirklich nötig – für mich selbst sind sie inzwischen mehr zu einem vorfreudigen Ritual zur Einstimmung geworden.

Einlesen und Einhören

Als weniger hilfreich hat sich – zumindest für mich – erwiesen, direkt vor einer Lateinsprechgelegenheit kunstvollere Autoren wie Cicero oder Ovid zu lesen. Auch Phraseologien, wie sie zur Vorbereitung auf die lateinischen Stilübungen und Exerzitien verwendet werden, sind viel zu umfangreich, um sinnvoll auf eine einzelne Unterrichtsstunde vorzubereiten. Zur langfristigen eigenen Weiterbildung bzw. Auffrischung des Studienwissens helfen sie natürlich auch in Bezug auf die aktiven Sprachkompetenzen, jedoch nicht unbedingt kurz vor dem eigenen Latine-Loqui-Einsatz: Ein direkter Vergleich mit Cicero führt in den wenigsten Fällen dazu, dass man sich danach besser fühlt.

Texte in einfachem Latein, insbesondere dialogische Texte, haben sich dagegen als hilfreich herausgestellt. Hier kann ich erneut auf Hans Henning Ørbergs einsprachiges Lehrwerk »Familia Romana« verweisen, das nicht nur zum einsprachigen Lektüreunterricht, sondern auch zur eigenen Vorbereitung nutzbringend eingesetzt werden kann.

Speziell für die Arbeit mit Schülern achtet man allerdings ja darauf, vor allem das bereits bekannte Vokabular der jeweiligen Lerngruppe zu verwenden. Darauf sind fremde Texte und Phraseologien natürlich nicht speziell abgestimmt. Vor meiner Arbeit mit Schülern prüfe ich daher – sofern mir das Lehrwerk der besuchten Gruppe bekannt ist – nach, ob beispielsweise für »Frau« die Vokabel »mulier«, »femina« oder zunächst nur »virgo« gelernt worden ist, ob für »Mahlzeit« »cibus« oder »cena« bekannt ist, für »wollen« eher »velle« oder »cupere« sowie weitere Vokabeln aus dem verwendeten Material, für die je nach Lehrwerk verschiedene Synonyme gelernt werden. Indem die Lektionstexte der letzten zwei Lektionen noch einmal durchgelesen werden, vergegenwärtigt man sich außerdem aktuell besonders bekannte Vokabeln und Wendungen. Diese Vorbereitung sollte aber nicht übertrieben werden. In der Praxis braucht man sich nicht komplett darauf zu beschränken und geistig gängeln lassen, da aus dem Kontext vieles verständlich wird, so dass die Verwendung auch unbekannter Vokabeln in der Regel für Schüler kein Problem darstellt.

Meine Versuche, zur Vorbereitung Videos im Internet zu konsumieren, um mein auditives Gedächtnis kurzfristig zu nutzen, haben sich für mich als wenig hilfreich herausgestellt. Die Aussprache variiert je nach Nationalität der Sprecher zu sehr, als dass ich die Ausdrücke für mich übernehmen und im Nachhinein aktivieren könnte. Oft habe ich mich auch weniger gestärkt, sondern eher verunsichert gefühlt, ob mein Sprachgefühl mich nun täuscht, wenn ich Ausdrücke als falsch empfinde, und habe unnötige Recherchen betrieben, um die Korrektheit einzelner Ausdrücke nachzuprüfen. Solche Probleme gibt es allerdings vor allem bei Texten wie z. B. Disneysongs, die nicht frei auf Latein verfasst worden sind, sondern aus einer anderen Sprache wie Englisch oder Deutsch ins Lateinische übersetzt wurden.

Im Internet finden sich allerdings auch frei verfügbare Reden guter Lateinsprecher wie Luigi Miraglia, dem Leiter der lateinischsprachigen Academia Vivarium Novum in Rom, oder Wilfried Stroh, dem Verfasser des Bestsellers »Latein ist tot, es lebe Latein«, und weiterer geübter Lateinsprecher. Auch Hörbücher lateinischer Texte von Cicero, Caesar, Seneca, Tacitus u. a. finden sich auf der Seite des bereits erwähnten Vivarium Novum. Hört man ein und denselben Text häufiger, mag es gerade auditiven Lernern leichter fallen, das Rezipierte auch mündlich wiederzugeben.

Als sehr hinderlich empfinden viele Lateinsprecher den Kontakt mit anderen Fremdsprachen direkt vor der lateinischsprachigen Kommunikation. Insbesondere romanische Sprachen bringen einen durcheinander – mein häufigster Verwechsler, nachdem ich Italienisch gehört habe, ist, dass mir im Lateinischen für eine erstaunte, vergewissernde Nachfrage statt »re vera?« ein »davvero?« herausrutscht. Doch auch Englisch kann für ungeübte Sprecher beim Sprachenswitch für Verwirrung sorgen. Wenn sich bei den Lateinwochen internationale Teilnehmer in meiner Hörweite auch einmal schnell auf Englisch verständigen (pudeat!), statt den herausfordernden und in manchen Situationen als zu zeitintensiv empfundenen Weg übers Lateinische zu wählen, zögere ich danach vor der häufigen Vokabel »sed«, da ich noch das »but« im Ohr habe, das ja in den gleichen situativen und syntaktischen Kontexten verwendet wird und obendrein noch so ähnlich klingt. Ein italienisches Sprachtandem, das mit mir Deutsch und mit einem anderen Gesprächspartner Französisch lernte, verwechselte in der deutschsprachigen Kommunikation mit mir oft »avec« und »mit«, auch wenn die Sprachen Französisch und Deutsch ansonsten ja nicht sehr ähnlich sind. All diese Beispiele zeigen, dass es weniger die Grammatik und gesuchteren Vokabeln, sondern die häufigen Wendungen sind, die einen beim wechselnden Gebrauch verschiedener Sprachen zum Stolpern bringen.

Zusammenfassung
- Bei der Vorbereitung gibt es verschiedene Strategien, die entweder zur langfristigen Übung oder zur kurzfristigen Einstimmung auf eine konkrete Sprechsituation dienen.
- Bei der langfristigen Übung können Phraseologien, einfache Texte oder auditiv rezipierte Tonaufnahmen von Texten oder Reden helfen, die es in großer Zahl frei verfügbar im Internet gibt.
- Zur Vorbereitung auf konkrete Sitzungen können aktuell bekannte Vokabeln, insbesondere Hilfsverben und Wendungen, die mit Infinitiven und Nominativen konstruiert werden, wiederholt werden.
- Zur Einstimmung auf die konkrete Sprechsituation sollten direkt davor andere Fremdsprachen gemieden werden, um Verwirrungen vorzubeugen.
- Hilfreich ist es dagegen, sich mit einfachen Texten oder Reden ins Lateinische einzulesen, einzuhören und auch laut oder gedanklich einzusprechen.

Tipps für die Materialsammlung

In diesem Kapitel werden in stichwortartiger Kürze allgemeine Ideen gesammelt und Anregungen gegeben, nach welchen Materialien ein Latine-Loqui-Lehrer stets die Augen offenhalten sollte, um im Laufe der Zeit eine sinnvolle Materialsammlung zusammenzustellen. Eine erschöpfende Bibliographie, wie sie z. B. bei Stroh 2007, S. 347–380 zu finden ist, wird an dieser Stelle ausdrücklich nicht gegeben.

Wörterbücher

Wer aktiv Latein spricht und sprechen lässt, sucht häufiger Vokabeln in der Richtung Deutsch-Latein und auch neulateinische und moderne Vokabeln. Dabei leisten die frei verfügbaren bekannten *Lexika im Internet*, die eine beidseitige Suchrichtung anbieten, wertvolle Dienste.

Als gedrucktes *deutsch-neulateinisches Wörterbuch* empfehle ich vor allem Christian Helfer: Lexicon Auxiliare. Ein deutsch-lateinisches Wörterbuch, Saarbrücken 1991, in dem jede Vokabel mit Belegstelle genannt wird. Das Buch ist bei verschiedenen Händlern gebraucht erhältlich und sein Geld wirklich wert. Selbstverständlich helfen aber auch andere Lexika ohne einzeln angeführte Quellenverweise gleichermaßen gut dabei, neulateinische Vokabeln für den Unterrichtsgebrauch zu finden.

Unbekannte Vokabeln oder komplizierte Wendungen in Texten können zum leichteren Verständnis durch lateinische Synonyme ergänzt oder paraphrasiert werden, um so eine intralinguale Verknüpfung von Begriffen aus demselben Wortfeld zu erzeugen. Für die häusliche Vorbereitung bedeutet das eine Menge Brainstorming im bisher vor allem auf Wiedererkennung getrimmten Vokabelgedächtnis. Wirklich hilfreich sind *einsprachige Lateinlexika*, die in kurzen Sätzen jede Vokabel umschreiben und eine Reihe von Synonymen anbieten. Wird beispielsweise die Vokabel »pelagus« eingeführt oder in einem Text verwendet, so kann auf einen Blick aus den Synonymen »mare«, »aequor«, »altum«, »pontus« und

»salum« dasjenige Wort gewählt werden, das der Lerngruppe am bekanntesten sein dürfte. Zudem wird zu jedem Lemma eine Reihe passender Adjektive und Phrasen bereitgestellt, anhand deren die Vokabel eingeübt werden kann.

Frei im Internet verfügbar finden sich u. a. folgende hilfreiche einsprachige Lexika: Aegidii Forcellini: Lexicon Totius Latinitatis (1775, reprint 1940, Egidio Forcellini & Giuseppe Furlanetto), insbesondere für Bedeutungen und Belegstellen (http://linguax.com/lexica/forc.php) sowie Franz Wagner: Lexicon Latinum (1878), für Synonyme, sinnvolle Junkturen und Phrasen (http://linguax.com/lexica/wagner.php).

Wortlisten und Phraseologien

Jeder Lateinsprecher hat seinen eigenen Stil. Nicht nur den Schülern in den Lerngruppen fällt das Sprechen am leichtesten, wenn sie fertige Satzbausteine bereitgestellt bekommen, die sie zu vielen Sätzen zusammenfügen können; auch der Lehrkraft selbst leistet eine solche Sammlung nützlicher und leicht zusammenfügbarer Phrasen wertvolle Dienste. Hierzu zählen in erster Linie verschieden anwendbare Infinitivkonstruktionen und Wendungen im Nominativ. Diese Phrasen erleichtern das Formulieren enorm, da ja immer nur die sicher gelernten Grundformen eingesetzt werden müssen.

Manche lateinischen Phrasen erfüllen eine ähnliche Funktion wie solche Formulierungen im Deutschen, die man sich als »Tick« oder »Unart« abzugewöhnen versucht. Hierzu zählen in der deutschen Sprache allzu häufig vorgebrachte Wiederholungen der Wörter wie »sozusagen«, »jedenfalls«, »glaub ich«, »halt«, »natürlich« und die nur rhetorische Nachfrage am Satzende: »…, oder?« – So sehr man sich beim Anhören von Tonaufnahmen seiner eigenen Redeweise auch darüber ärgern mag, eines darf man nicht außer Acht lassen: Man hat sich diese Eigenarten ja nur deswegen angewöhnt, weil sie eine nützliche Einrichtung der Sprache sind. Scheinbar sinnlose Füllwörter und -phrasen verschaffen einem einfach ein wenig Zeit zum Nachdenken über den nächsten Satz – und dem Zuhörer Zeit zum Verstehen des Gesagten. Diesen Wörtern ist sicherlich nicht zufällig gemein, dass sie an fast jeder Stelle eingefügt werden können, ohne dass die Syntax des übergeordneten Satzes an sie angepasst werden müsste: Sie sind reine Zeit-Schenker.

Geübtere Lateinsprecher gewöhnen sich daher im Laufe der Zeit ganz unbewusst auch in dieser Fremdsprache den Tick an, Füllwörter sehr häufig zu wiederholen. Einen Leiter eines lateinsprachigen Circulus, der als studentisches Tutorium im Rahmen des Lateinstudiums organisiert ist, habe ich während meines Besuchs seiner Sitzung sicherlich 50 mal am Ende seiner Sätze »…, nonne?« sagen hören.

Ich selbst – und sicherlich auch die anwesenden Studierenden – waren über die kurze gedankliche Verschnaufpause mehr erfreut als belustigt. Ein anderer Lateinsprecher in meinem Bekanntenkreis leitet Gedanken oft mit »utcumque« (wie auch immer) ein. Die Phrasen »ut ita dicam« (sozusagen), »scilicet« (natürlich) und »nisi fallor« (wenn ich mich nicht irre) höre (und verwende) ich ebenfalls oft im Latine Loqui. Warum sollte man sich also nicht für das Lateinsprechen mit voller Absicht einige dieser nützlichen Zeitschindewörter zurechtlegen, die Schülern in der Lektürephase obendrein noch ganze ciceronische Phrasen vermitteln, deren Bedeutung sich allein anhand eines Wörterbuchs schwer selbst erschließen lässt?

Vor allem aber ans Schulbuchvokabular angepasste Hortative und Imperative, intralinguale Vokabelumschreibungen und ganze Sätze, die im Unterricht häufig eingesetzt werden sollen (s. o. S. 39–41), können in Listenform immer wieder vergegenwärtigt, mit Kollegen ausgetauscht und weiter ergänzt werden.

Vokabelbilder

Wer als Lateinlehrer mit dem Latine Loqui beginnt, hat häufig das Gefühl, das Rad der Didaktik völlig neu erfinden und alle Vokabelbilder neu zusammenstellen zu müssen. Die Lehre des aktiven Lateinsprechens ist zwar schon viele hundert Jahre alt, dennoch klafft durch die Abschaffung des aktiven Sprechens im Lateinunterricht eine Lücke von fast 150 Jahren. Doch schon damals führte man neue Vokabeln gerne anhand von Wortfeldbildern ein. Daher lohnt sich für die Materialsammlung auf jeden Fall ein Blick in die alten Lehrwerke, z. B.: Joh. Amos Comenii Orbis sensualium pictus. Neu herausgegeben von Uvius Fonticola, 2017. Diese Version ist kein Faksimile, sondern neu übersetzt, mit Anmerkungen versehen und gewissermaßen handoutfertig gelayoutet.

In dem Lehrwerk für die Wochenkurse des Vereins Europäische Lateinwochen e. V. (Mechthild Hofmann/Rober Maier: Septimana Latina, Cursus vivae linguae Latinae, Pars Prima I, 2011) wird auf vierzig Seiten thematisch sortiert in jeweils zwölf Einzelbildern eine Übersicht von Vokabeln bereitgestellt. Ein kleiner Nachteil: Die Auswahl ist leider sehr substantivlastig, so dass viele Verben und Adjektive fehlen, mit denen Situationen oft besser erzählt werden können als durch eine Aufzählung von Einzelgegenständen. Zudem sind die Vokabeln teilweise so modern, dass kaum Bezug zum Lehrbuchvokabular besteht.

Wer keine fertigen Vokabelbilder erwerben und verwenden möchte, kann sich im Laufe der Zeit eigene Übersichten, sortiert nach Lektionen und nach Themengebieten oder Übungen, anlegen, mit denen die Wortschatzarbeit und die Kommunikationsübungen unterstützt werden können.

Bildergeschichten, Wimmelbilder und Cartoons

Neben den oben vorgestellten Vater-und-Sohn-Geschichten gibt es zahlreiche weitere Bildergeschichten, Wimmelbilder und Cartoons, die sich gut im Fremdsprachenunterricht einsetzen lassen. Häufig lohnt sich schon ein Blick ins Bücherregal der neuen Fremdsprachen in der schuleigenen Lehrerbibliothek. Sicher bringt einen auch eine freundliche Nachfrage bei den Kollegen dieser Sprachen, für Deutsch oder Grundschulpädagogik weiter, ob sie entsprechende Geschichtensammlungen empfehlen können. Langfristig kann ein Latine-Loqui-Didaktiker sich angewöhnen, in Buchhandlungen, Antiquariaten und auf Flohmärkten die Augen nach solchen Schätzen offen zu halten.

Geschichtenwürfel

Leider noch nicht beim Latine Loqui, aber bei Kommunikationsübungen anderer Fremdsprachen habe ich gute Erfahrungen mit Geschichtenwürfeln gemacht, z.B. »Magische Geschichtenwürfel« (moses Verlag) oder »Rory's Story Cubes«, (The Creativity Hub). Auf neun Würfeln ist auf allen sechs Seiten ein anderes Bild abgebildet, so dass es eine große Zahl an Kombinationsmöglichkeiten gibt. Die Übung kann anhand der vorgegebenen Spielregeln erfolgen, indem die Schüler spontan Geschichten zu den Bildern erzählen. Zweifelsohne gibt es viele weitere Einsatzgebiete für diese fertigen oder neu erstellten Würfel.

Bildkarten (z.B. Memoryspiele, Dixit, eigene laminierte Bildkarten)

Große oder kleine Bildkarten können zur Vokabeleinführung, bei Vokabelangaben, bei verschiedenen Übungen zu Präpositionen oder Kasusbildung sowie als Requisiten bei szenischen Darstellungen verwendet werden und sollten daher in keiner Sammlung eines Latine-Loqui-Lehrers fehlen.

Kleine Karten können Memoryspielen oder anderen Bildspielen wie z.B. »Dixit« (Spiel des Jahres 2010, Libellud) entnommen werden. Für große Bildkarten empfiehlt sich eine eigene Recherche im Internet, wobei die Ausdrucke in laminierter Form besonders gut halten. Die laminierten Karten haben außerdem den Vorteil, dass die Bilder zunächst ohne Schrift gezeigt werden können. So wird auch den Schülern, die die Vokabel selbst aktiv abrufen können, nicht das Erfolgserlebnis genommen.

Bei Bildbeschreibungen werden oft die Emotionen der Figuren genannt. Ein großes Plakat mit verschiedenen Emojis hilft bei der Angabe der jeweils richtigen Vokabel. Hier können auch häufig verwendete Tätigkeiten wie z. B. unterrichtsrelevante Handlungen oder Hobbys mit aufgenommen werden.

Weitere Materialien

Häufig im Einsatz sind Folienstifte, mit denen auf Overheadprojektorfolien oder laminierten Bildkarten geschrieben werden kann. Um die Bilder an der Wand oder Leinwand zu befestigen und rückstandslos wieder zu lösen, kann klebende Knetmasse verwendet werden. Mit Kreppband oder Leukoplast können Namensschilder, Rollenbezeichnungen, Vokabeln u. v. m. an der Kleidung der Schüler angebracht und leicht wieder entfernt werden. Ein Laserpointer hilft, bei Wimmelbildern schnell den Schülerblick auf die richtige Stelle zu lenken. Ein weicher Ball, den die Schüler sich zuwerfen, sorgt bei Redeketten für einen reibungslosen Ablauf.

Fazit und Ausblick

Der Einsatz von Latine Loqui im Lateinunterricht ist nicht nur denjenigen Kolleginnen und Kollegen vorbehalten, die Latein auch in ihrer Freizeit fließend sprechen. Mit einer entsprechenden Vorbereitung und Auswahl an Vokabeln, Satzbausteinen und Phrasen gelingt es leicht, auch als Latine-Loqui-Anfänger aktivsprachliche Elemente in den Lateinunterricht einfließen zu lassen. Ich hoffe, dass dieses Buch dazu beitragen konnte, die ersten Hürden zu erleichtern und Freude und Neugier für das Latine Loqui zu wecken.

Doch auch erfahrene Sprecher haben, so hoffe ich, in diesem Buch weitere Anregungen gefunden – und vielleicht auch die ein oder andere Warnung am Beispiel anderer Kolleginnen und Kollegen, deren Evaluationen und kritischen Reflexionen zum eigenen etwas überambitionierten Latine-Loqui-Unterricht in diesem Werk zur Sprache kamen.

Die Lernerfolge sinnvoll eingesetzter Latine-Loqui-Elemente sind unverkennbar und die Gelegenheiten zum Lateinsprechen im Unterricht vielfältig. Dies kann anhand regelmäßiger lateinischer Wendungen im Unterrichtsalltag geschehen, indem auf Latein dazu aufgefordert wird, die Tafel zu wischen, die Bücher aufzuschlagen oder einen Wortbeitrag laut zu wiederholen. Hier wird vor allem das passive Hörverständnis geschult und eine Menge an Vokabelinput gegeben, die eine übersetzende Lektüre nicht ermöglicht. Bei anderen Sprechgelegenheiten, z. B. regelmäßig zum Stundenbeginn oder in kurzen reinen Latine-Loqui-Einheiten von ein bis zwei Stunden, kommunizieren die Schülerinnen und Schüler dagegen selbst miteinander. Dabei üben sie besonders die Personalendungen, Nominative im Singular und Plural, Formen von »esse« sowie Kongruenzen von Adjektiven ein und können Aha-Erlebnisse zu den basalen Grundstrukturen der lateinischen Sprache erleben, die auf rein kognitivem Wege kaum zu erreichen sind.

Ist die Unterrichtsatmosphäre freundlich und respektvoll, legt sich dabei auch die Scheu vor Fehlern schnell. Kommunikation ist schließlich weit mehr als das laute Vortragen von Wortformen. Je mehr die Lehrkraft dazu ermutigt, die Redebeiträge durch Gestik, Mimik und Intonation zu untermalen, desto leichter gelingt es den Schülerinnen und Schülern, eigene Gedanken in lateinischer Sprache auszudrücken und sich gegenseitig zu verstehen.

Bei der Planung von Latine-Loqui-Elementen ist für die Lehrkraft vor allem eine Frage entscheidend: Dient die Übung der Spracharbeit und dem Einüben eines bestimmten grammatischen Phänomens? Oder dient die Kommunikationsübung der allgemeinen Erkenntnis, dass Kommunikation in lateinischer Sprache möglich ist sowie der Einübung basaler grammatischer Grundstrukturen? Hieraus folgt u. a. die Entscheidung, welches Maß an Korrekturen nötig ist. Generell gilt, dass ein lateinischer Satz von Schülerseite dann »gelungen« ist, wenn er vom Gegenüber verstanden worden ist. Liegt das Augenmerk auf keinem spezifischen grammatischen Phänomen, kann hier mit Augenmaß und mit Blick auf den jeweiligen Sprecher entschieden werden, auf wie viele Fehler hingewiesen werden muss bzw. welche Nachfragen wirklich nötig sind, um die Kommunikation mit Bezug auf die Aufgabenstellung noch erfolgreicher zu machen.

Den eigenen Unterrichtsstil, die bevorzugten Methoden und sogar die passende Lehrerrolle muss jede Latine-Loqui-Lehrkraft für sich selbst entdecken. Und doch ist das aktivsprachliche Latein im Unterricht bereits so vielerprobt, dass hier niemand nur für sich selbst das Rad völlig neu erfinden muss. Im Internet und bei Stammtischen und Fortbildungen finden sich viele andere Interessierte, mit denen Ideen, Erfahrungen und Material getauscht werden können. Auch Jahrhunderte alte Vokabelbilder können noch im modernen Lateinunterricht von Nutzen sein.

Doch für die wertvollsten Ratgeber zum Lateinsprechen müssen Sie gar nicht so weit suchen! Besonders hilfreiche Tipps habe ich von Kolleginnen und Kollegen erhalten, die gar kein Latein, sondern moderne Fremdsprachen unterrichten. Latine Loqui ist Kommunikation und lebt von Kommunikation. Tauschen Sie sich aus, fragen Sie nach Rat und teilen Sie auch Ihre Erfahrungen mit dem Rest der Lateinsprechcommunity.

Wohin auch immer der Weg des Lateinunterrichts in den nächsten Jahrzehnten führen mag: Der Einsatz von aktivsprachlichen Elementen, selbstbewusst, reflektiert und klug angewendet, kann, wenn zwar nicht allein zu seiner Rettung, so doch sicher in nicht zu unterschätzendem Maße zu seiner Stärkung beitragen.

Literaturverzeichnis

Albert, Sigrid: De lingua Latina vivo modo docenda. In: Vox Latina 26 (1990), S. 47–55.
Bethlehem, Ulrike: Latine Loqui. Gehört – gesprochen – gelernt. Kopiervorlagen zur Grammatikeinführung, Göttingen 2015.
Butzkamm, Wolfgang: Lust zum Lehren, Lust zum Lernen. Eine neue Methodik für den Fremdsprachenunterricht, Tübingen 2004.
Egger, Carl: Lexicon nominum virorum et mulierum, Rom 1963.
Florian, Lena: So übersetzen Schüler wirklich, Göttingen 2017.
Fonticola, Uvius (Hrsg.): Joh. Amos Comenii Orbis sensualium pictus, o. O. 2017.
Forcellini, Egidio: Lexicon Totius Latinitatis, 1775, reprint 1940, Egidio Forcellini & Giuseppe Furlanetto.
Fritsch, Andreas: Lateinsprechen im Unterricht. Geschichte – Probleme – Möglichkeiten. Auxilia, Bd. 22, Bamberg 1990.
Helfer, Christian: Lexicon Auxiliare. Ein deutsch-lateinisches Wörterbuch, Saarbrücken 1991.
Hofmann, Mechthild/Maier, Robert: Septimana Latina, Cursus vivae linguae Latinae, Pars Prima I, München 2011.
Jank, Werner/Meyer, Hilbert: Didaktische Modelle, Berlin 1991.
Jesper, Ulf: Kompetenzen im Lateinunterricht. Systematisieren, gewichten, benoten, prüfen, Kiel o. J.
Kuhlmann, Peter: Fachdidaktik Latein kompakt, Göttingen 2009.
Mattes, Wolfgang: Methoden für den Unterricht. Kompakte Übersichten für Lehrende und Lernende, Braunschweig u. a. 2011.
Ørberg, Hans Henning: Familia Romana, Kopenhagen 1991.
plauen, e.o.: Vater und Sohn. Sämtliche Abenteuer, Köln 2015.
Stroh, Wilfried: Latein ist tot, es lebe Latein! – Kleine Geschichte einer großen Sprache, Berlin 2007.
Wagner, Franz: Lexicon Latinum, 1878.